これから始める人のための

中国語の学び方入門

胡 興智 著

アルク

　"我思故我在"（われ思う、ゆえにわれあり）という言葉が
あります。私は「思う」を「行う／行動する」に換えて、"我行
故我在"（われ行う、ゆえにわれあり）とよく言います。

　"行"は中国語で「OK、これでよい」の意味もありますから、
"我行"は「私はこれでよい」「私にはできる」という意味に
もなります。

　「私はできる」、そう自らを肯定して自信を持つ。「自信を持っ
て行う／実践する」ことは、語学上達の出発点です。

　とはいえ、どのように始めたらよいのか、分からず不安に
なることもあるでしょう。学んでいく中で壁にぶつかると、ど
う進めばよいのか、悩んで途方にくれることもあるでしょう。

　そのような不安や悩みを解決するため、筆者が今まで日本
語を学ぶ上で実践してきた方法を役立てていただきたいのです。
また、中国語を30数年教えてきた経験、同僚の先生方から学
んだこと、学生さんから学んだ学習法もあり、これらを皆さ
んの「コーチ」としてお伝えします。ぜひ参考にしてください。

　この本は、最初から順番に読み進めてもよいですし、興味
のあるページから読んでも構いません。第1章では「単語」「文
法」「読解」「会話」「書く」などの中から関心のあるところを
選んで読んでもよいでしょう。レベル別に説明している箇所

もあります。ご自身のレベルに合った部分を中心に目を通し、日々の学習の実践に取り入れていただければと思います。

　本書の第1章には、仕事でも中国語を使う上級者の佐藤さん、中級で伸び悩む鈴木さん、初級で足踏みしている大学生の今市さん、独特の感性で学ぶ高校生の愛凛さん、30年教えるベテラン中国語教師の松平先生という5人のキャラクターに登場してもらい、会話の中に学習のヒントを盛り込みました。また、松平先生の講義によって学習の要点やコツを理解していただけるようにしました。

　これから学習を始める方、初級の方は、上級の話はまだ早いと思われるかもしれませんが、学習が進むにつれて、どんなことが課題になるのか、先に起きることを事前に知っておくのは無駄ではありません。ぜひ一度目を通してみてください。
　上級レベルの方にとって、入門・初級者向けの話題は、特に目新しいことはないと感じるかもしれません。ただ、誰にでも苦手なところ、取り組みが不十分だったことがあるはずですので、初心に返って学ぶきっかけにしてみてください。

　言語を学ぶ目的は、「外国の方とコミュニケーションをとりたい」「歴史や文化を深く理解したい」「自由に旅行したい」「字

幕なしで映画やドラマを鑑賞したい」「推しのアイドルにファンレターを書いてみたい」など人それぞれです。気を付けなければならないのは、外国語学習自体は目的ではないということです。手段が目的になってしまわないように、効率的に学ぶコツを手に入れ、皆さんの目的に向かって進んでください。

コスパ、タイパも求められる時代、いかに楽しく、効率的に外国語を学ぶかは大変重要です。「語学はスポーツ、ゲームのごとし」、本書では実践的なトレーニングのための練習メニューも豊富に用意しました。読者の皆さんが学習者たちの会話、松平先生の講義から、自分に合った学び方を見つけていただけると幸いです。

そのほか、「中国語を使った楽しみ方（映画・ドラマ・小説、歌、料理、SNSなど）」「中国語ミニ講座」「先輩４人の経験談」も用意しています。本書が皆さんの"良師益友"（よき師よき友）となることを祈っております。

本書の企画、制作に当たっては、アルクの海老沢さん、成宮さんをはじめ、多くの方から貴重なご助言をいただきました。時に航路を見失いがちになることもありましたが、いつも温かく励ましてくださり、羅針盤となって導いてくださいました。あらためてお礼を申し上げます。

2024年1月
胡 興智（小コーチ）

本書の構成と使い方

本書は以下の4つの章で構成されています。最初から順番に読んでも、興味のあるページから読んでも構いません。

第1章 ▶ 中国語の学び方

ゼロからスタートして、仕事で中国語が使えるぐらいのレベルになるまでの学び方を、発音、単語、文法、読解、リスニングなどに分けて説明します。どのように学習すれば効率的・効果的に習得できるのかが分かります。

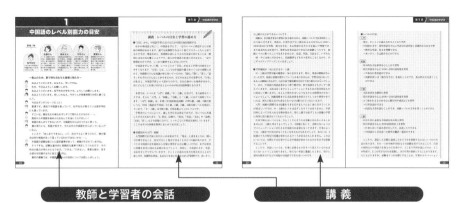

教師と学習者の会話

ベテラン教師と学習者4人による会話です。4人の学習歴や中国語力はさまざまです。この会話の中にも、学習のヒントがたくさん散りばめられています。

講 義

ベテラン教師による学習法の講義です。単語・フレーズや文法項目の覚え方、練習方法、練習で使う題材、注意事項などを、レベル別に解説しています。

第2章 ▶ 中国語で楽しむ

「中国発のコンテンツ」「中国料理を極める」「インターネットで楽しむ・交流する」「中国語で俳句を楽しむ」の4つのパートがあります。興味のあるものを楽しみつつ、中国語も学んでいきましょう。

第3章 ▶ 中国語ミニ講座

「発音入門」「3文字中国語」「2つの練習にチャレンジ」の3つのメニューがあります。どれも短時間で取り組めるものです。すべてに音声が付いていますので、声に出して言ってみましょう。

第4章 ▶ インタビュー 4人が語る経験談

中国語をどのように学んだのか、そしてどのように生かしているのか――、落語家、通訳・翻訳者、会社員、日中文化交流事業担当スタッフという、異なる分野で活躍する4人の先輩に語っていただきました。

第4章 インタビュー ─ 4人が語る経験談

音声のダウンロードについて

本書の音声（）は、パソコンやスマートフォンに無料でダウンロードできます。
本書の商品コードは「**7024019**」です。

 パソコンで
ダウンロードする場合 ※

以下のURLで「アルク・ダウンロードセンター」にアクセスの上、画面の指示に従って、音声ファイルをダウンロードしてください。

🌐 **https://portal-dlc.alc.co.jp/**

📱 スマートフォンで
ダウンロードする場合 ※

右のQRコード、または以下のURLから、学習用アプリ「booco」をインストールの上、ホーム画面下「さがす」から本書を検索し、音声ファイルをダウンロードしてください。

🌐 **https://booco.page.link/4zHd**

※本サービスの内容は、予告なく変更する場合がございます。あらかじめご了承ください。

中国語の学び方

ゼロからスタートして、仕事で中国語が使えるぐらいのレベルになるまでの学び方を、発音、単語、会話、文法、読解、リスニングなどに分けて説明します。ベテラン教師と4人の学習者の会話にも学習のヒントが散りばめられています。

中国語のレベル別能力の目安

登場人物

松平先生
さまざまな学習者に中国語を教えて30年の日本人女性。

佐藤さん
メーカー勤務の30代女性。中国語学習歴10年。週1回語学学校に通い、毎日30分〜1時間復習。仕事で時々中国語を使う。中検準1級。

鈴木さん
土産物店を経営する50代男性。中国語学習歴5年。週2回ラジオやテレビで学び、日曜日に集中して総復習を行う。中検3級。

今市さん
大学3年男子。中国語学習歴2年。大学で週2コマの授業を受けるが、小テストや中間テストは一夜漬けで乗り切る。中検4級。

愛凛さん
国際高校2年の女子。中国語学習歴2年。高校で週3回授業を受け、中国人の友人と時々相互学習。上海在住経験あり。中検3級。

〜登山のため、駅で待ち合わせた登場人物たち〜

 おはようございます。みなさん、早いですね。

 先生、今日はよろしくお願いします。

 おはようございます。松平先生の学生です。よろしくお願いします。

 おはようございます。珍しいわねえ。今市くんが発車時間5分前に着くなんて。

 今日はギリギリセーフだった！

 愛凛です。高校で中国語を習っていて、松平先生が教えている語学学校にも通っています。

 すごいな。僕は先生の単位をギリギリで取れただけなのに……。

 高校から中国語を始められるなんて本当にうらやましい！

 英語があんまりできないので、中国語をがんばろうかなと思って。

 僕の周りにも、英語が苦手で、それ以外の外国語をがんばっている人がいるよ。

ところで、「あんまりできない」って、自分でもよく使うけれど、僕の場合は何か根拠があって言っているわけではないかな……。

 中国語の試験は級ごとに認定基準があって、根拠が示されていますね。

 そうですね。試験は基本的に客観的な基準で測定してくれるので、その時点の能力が明らかになります。「できる」「できない」、得意な部分、苦手な部分を把握するのに役立ちますね。

最初の講義では、中国語のレベルの目安についてお話ししましょう。

講義　レベルの目安と学習の進め方

●「目安」から、中国語学習における自分の現在地を把握する

　ほかの外国語と同じく、中国語を学んで、一定のレベルに到達するには相応の時間がかかります。誰でも短期間でなるべく楽にマスターしたいと思うものですが、残念ながら、短期間に高いレベルの力を身に付けることは一般的にはなかなか難しいようです。成人が中国語力を身に付けるなら、一定の時間をかけて学び、しっかり練習するしかないのです。

　中国語を学んでいく際、レベルごとの「目安」があると学習の計画を立てやすくなります。「目安」とは、ここでは中国語の能力をいくつかの段階に分けて、各段階でどんな知識が身に付いているのか、「読む」「聞く」「書く」「話す」それぞれでどんなことができるのか、などのおおよその基準です。「目安」があると、中国語学習という道のりの中で、自分自身のいる場所が分かり、次にどんなことを身に付けるとよいのかがある程度明確になります。

　本書では、レベルを「入門・初級」「中・上級」に分けて、また必要なケースでは、さらに「入門」と「初級」、「中級」と「上級」に分けて説明しています。「入門・初級」は、中検（中国語検定試験）の準4級、4級、3級合格レベル、HSK（漢語水平考試）の1級、2級、3級、4級合格レベルを想定しています。「中・上級」は中検3級、HSK4級より上のレベルです。

　学習者のレベルによって、適した学び方は異なりますが、全レベルに共通した学び方もあります。「2. 発音」以降で、「発音」「単語」「文法」や「読解」「会話」「書く」などの技能に分けて、レベルごとに学習法を説明していきます。ここではその全体像を簡単にまとめておきましょう。

●基礎固めの入門・初級

　入門段階でまず身に付けたいのは発音です。「発音」と書きましたが、聞いて区別できること、自分で正しく発音できることの2つの面があります。すべての中国語の音を最初から完璧に習得するのは難しいですが、まずは発音の基礎を着実に固める必要があるでしょう。同時に、中国語の文字、単語、文法を少しずつ学んでいきます。ピンインの読み方を含む発音をひととおり身に付け、基礎的な単語、文法などを身に付けるのが入門段階です。あいさつ、

自己紹介などができるレベルです。

　初級は、引き続き発音の習得に取り組みながら、初級レベルの文法事項をしっかり身に付けます。単語は、日常生活でよく使われるものを中心に1000〜2000語ほどを習得。複文を含む、ある程度の長さの文を読んで理解でき、また基本的な文を書けて、簡単な日常会話ができるのが初級レベルです。初級レベルに限ったことではありませんが、会話、単語、文法など、いずれも一朝一夕には身に付きません。音読練習などを日々着実にこなしながら、少しずつステップアップしていきましょう。

●学習範囲が一気に広がる中・上級

　中・上級は学習対象の範囲が一気に広がります。特に、単語は際限がないといえます。地道に語彙を増やしていくしかありませんが、学習目的に沿って、あるいは興味に合わせて、自分自身で優先順位を付けて取り組むのがよいでしょう。また、中国語の母語話者がよく使う慣用句、四字成語なども少しずつ覚えていきます。文法はあくまでコミュニケーションするための実用的なものに限定して構いません。ほとんど使われないようなものには時間をかけなくてよいでしょう。初級段階までに文法事項を体系立ててしっかり習得できていれば、新たに覚えなければならないものは限られているといえます。

　入門・初級の段階では4技能をできるだけまんべんなく身に付けていくのが望ましいですが、中・上級のレベルは必ずしもそうではありません。学習目的によって力を入れる分野が変わり、特に上級では必ずしも4技能の学習に均等に取り組まなくてもよいでしょう。

　仕事で使えるレベルとは、ひとくくりに言うのは実態に合わないかもしれませんが、上級と考えてよいでしょう。4技能において、支障のないレベルでコミュニケーションが行える中国語力が必要になってきます。仕事によっては、上級までの実力がなくてもこなせるものもあるでしょう。あるいは、4技能のうちの特定の技能が求められるケースがあるかもしれません。この点については、目標とする仕事でどんな中国語が求められるのかをまずは把握することです。

　ところで、単語については、仕事に必要なものをすべて覚えていなければならないということはありません。知らない単語に遭遇したときに、相手に意味を聞き出すなどの対処が中国語でできればいいのです。

●レベルの目安

入門
・発音、ピンインの読み方をひととおり学習
・中国語の文字、常用単語を中心に単語500語程度と基礎的な文法を学習
　→簡単な単語、短文を理解できる
　→あいさつ、自己紹介などができる

初級
・基本的な文法事項をひととおり習得
・常用単語を中心に1000〜2000語程度を習得
　→平易な日常会話ができる
　→比較的長い文（複文を含む）を読むことができ、基本的な文を書くことができる

中級
・文法事項を全般的に習得
・常用単語を中心に2000〜2500語程度を習得
・よく使われるものを中心に慣用句や成語などを習得
　→日常会話ができる
　→高度な文章を読むことができ、初級レベルの文章を書くことができる

上級
・社会生活に必要な中国語を基本的に習得
・常用単語を中心に3000語程度以上を習得
　→仕事において読み書きをしたり、会話したりできる
　→中国語から日本語への簡単な翻訳・通訳ができる

　ところで、設定した目標に到達したかどうかを把握するにはいくつかの方法があります。その1つが中検やHSKなどの試験を受けてみることで、自身の現時点の中国語力を知るのに有効です。どこまで学習が進んだのか、どこが得意で、どこが苦手なのかを把握し、次の学習の指針にすることができます。人にもよりますが、試験を1つの目標にすることは、学習のモチベーション

が上がりますので、良い方法の1つだといえるでしょう。

　ただし、試験のためだけの学習はおすすめできません。試験対策問題集は使い方によって学習の効果が上がりますが、得点を上げることだけを目的に問題集を解いても、コミュニケーション力が上がるとは限りません。

●実践的な言語能力に焦点を当てているCEFR

　中検、HSKの各級（レベル分け）の内容は、それぞれ公式サイトなどをご参照ください。2つの試験の目的や成り立ちは異なりますが、ともに「CEFR」（セファール、ヨーロッパ言語共通参照枠／Common European Framework of Reference for Languages）との相関関係も示されています。「CEFR」は言語の能力を評価する指標です。語学教育にも利用されており、日本でも教育現場や語学教材の開発、語学の検定試験などで使われています。

　「CEFR」は「何がどのくらいできるのか」という実践的な言語能力に焦点を当てているところに特徴があります。「熟達した言語使用者」「自立した言語使用者」「基礎段階の言語使用者」の3つのレベル群、「C2」「C1」「B2」「B1」「A2」「A1」の6つの等級に設定されています。その後の改定で等級はもう少し細かく分けられていますが、ここでは6等級のレベルを掲載します。中検とCEFR、HSKとCEFRの対応関係はp.103を参照ください。

表1 CEFR共通参照レベル：全体的な尺度

熟達した言語使用者	C2	聞いたり、読んだりしたほぼ全てのものを容易に理解することができる。 いろいろな話し言葉や書き言葉から得た情報をまとめ、根拠も論点も一貫した方法で再構成できる。 自然に、流暢かつ正確に自己表現ができ、非常に複雑な状況でも細かい意味の違い、区別を表現できる。
	C1	いろいろな種類の高度な内容のかなり長いテクストを理解することができ、含意を把握できる。 言葉を探しているという印象を与えずに、流暢に、また自然に自己表現ができる。 社会的、学問的、職業上の目的に応じた、柔軟な、しかも効果的な言葉遣いができる。 複雑な話題について明確で、しっかりとした構成の、詳細なテクストを作ることができる。その際テクストを構成する字句や接続表現、結束表現の用法をマスターしていることがうかがえる。
自立した言語使用者	B2	自分の専門分野の技術的な議論も含めて、抽象的かつ具体的な話題の複雑なテクストの主要な内容を理解できる。 お互いに緊張しないで母語話者とやり取りができるくらい流暢かつ自然である。 かなり広汎な範囲の話題について、明確で詳細なテクストを作ることができ、さまざまな選択肢について長所や短所を示しながら自己の視点を説明できる。
	B1	仕事、学校、娯楽で普段出会うような身近な話題について、標準的な話し方であれば主要点を理解できる。 その言葉が話されている地域を旅行しているときに起こりそうな、たいていの事態に対処することができる。 身近で個人的にも関心のある話題について、単純な方法で結びつけられた、脈絡のあるテクストを作ることができる。経験、出来事、夢、希望、野心を説明し、意見や計画の理由、説明を短く述べることができる。

基礎段階の言語使用者	A2	ごく基本的な個人的情報や家族情報、買い物、近所、仕事など、直接的関係がある領域に関する、よく使われる文や表現が理解できる。 簡単で日常的な範囲なら、身近で日常の事柄についての情報交換に応ずることができる。 自分の背景や身の回りの状況や、直接的な必要性のある領域の事柄を簡単な言葉で説明できる。
	A1	具体的な欲求を満足させるための、よく使われる日常的表現と基本的な言い回しは理解し、用いることもできる。 自分や他人を紹介することができ、どこに住んでいるか、誰と知り合いか、持ち物などの個人的情報について、質問をしたり、答えたりできる。 もし、相手がゆっくり、はっきりと話して、助け船を出してくれるなら簡単なやり取りをすることができる。

『外国語の学習、教授、評価のためのヨーロッパ共通参照枠 追補版』
（Council of Europe、吉島茂／大橋理枝 訳・編、朝日出版社 刊）

　第1章ではいろいろな練習方法をご紹介していますが、多くの練習の題材として使えるのが「テキスト」です。この「テキスト」という言葉は、ここでは単語、フレーズや文、会話、文法などを総合的に学べる、音声付きの学習書をイメージして使っています。高校、大学および語学学校のメインの教科書といえるものです。

　「テキスト」はシリーズでレベル別に何冊も出ていることが多いので、自分のレベルに合ったものを選択できます。そして、そのレベルに対応した必要な要素が網羅的に入っていますので、1冊の最初から最後までをすべて練習の材料として取り組むことが大事です。

　もちろん、単語を覚えるための単語帳、会話を学ぶための会話集、文法を丁寧に説明した文法書など、特化した本も適切に使うことで成果が上がります。ただ入門・初級段階では、まずは1冊の「テキスト」に取り組むほうがよいでしょう。市販されているものを実際に手に取ってみて、使いやすいと思える「テキスト」を1冊手もとに置いて、中国語学習のパートナーとすることをおすすめします。

2

発音

〜電車の中で〜

さあ、どうぞ。

スイカの種！　懐かしいですね。中国の列車の中でよく隣の人にごちそうになったわ。

今日は電車にけっこう乗るので、中国語の発音について、ぜひ松平先生に教えてほしいと思っています。

僕も、僕も。発音はだいぶ前に教わったんですが、ほぼ忘れてしまって。先生は何十年も基礎班の授業を担当しているから。

今市くんの発音、なかなかいいですよ。耳もいいし。あとはやる気次第ですね。

若い人はいいね。僕なんかいくらやっても、きれいに発音できないからね。

弱気になってはダメですよ。練習方法を変えたり、自分に合ったやり方で取り組んだりすれば、きっと改善できます。あとは回数、繰り返しですよ。

でも、僕も似ている音をちゃんと発音し分けられなくて、困っているんですよ。

似ている音の区別って、私も自信ないんですよね。

では、ちょっと発音してみてください。母音をチェックしてみましょう。

（aoeiuüを発音する）

いいですね。ちゃんとお腹から声が出ていて、中国人の発音に近いですよ。ただ……。

講義1　母音の発音のコツ

　この本では、中国語をどんな順番で、どのように学んでいくと効率よく習得できるかをお伝えしています。文法や単語、リスニングなどの具体的な学習は、それぞれ別途適切な教材で学んでいただければと思いますが、「発音」については大事なポイントを少しだけご紹介しましょう。

　中国語はほとんど「母音＋子音」（母音だけのときもある）なので、母音がきれいに発音できれば、かなりきれいに聞こえます。まずは母音から攻略しましょう。

　単母音はａｏｅｉｕüの6つ（erを入れることもある）ですが、日本語に近いのはａｏｉｕです。ただ、日本語と少し違うところもありますので、違いを意識して発音できれば、中国語らしさが演出できるでしょう。

●"a"：とにかく大きく

　日本語の「あ」より口を大きめに開けて、勢いよく発音するのがコツ。例えばお母さんのことを"妈妈 māma"と言いますが、日本語の「ママ」より口を大きめに開けて発音します。"a"は、この"māma"を思い出して、子どもが大きな口を開けて母親を呼ぶようなイメージで発音してみましょう。

●"o"：唇を丸める

　日本語の「お」とほぼ同じですが、唇を丸めて発音します。

●"i"：歯を美しく見せて

　日本語の「い」よりも唇をしっかり左右に引いて、キッチリ発音すると中国語らしく聞こえます。

●"u"：口を丸く

　日本語の「う」と少し違います。日本語の「う」は唇をあまり丸めず、前に突き出さず、緩んだ状態で発音しますが、中国語の"u"は唇をかなり小さく狭め、喉の奥から出す音です。

　中国人留学生の日本語の「う」が不自然だと感じたことはないでしょうか。中国語の"u"は唇を強く狭めた状態で発音されますので、少しくぐもった音に聞こえるかもしれません。

●"e"：にこにこの"o"

　"e"は日本語にない音です。「え」とは全く違います。日本人にとって難しいといわれていますが、慣れてしまえば大丈夫です。よく学習書には「中国語の"e"は『え』の口の形で小さく『お』と発音する」と書かれています。

印象としてはだらしない感じの「う」に聞こえるかもしれません。

　唇は「え」の形にして開きぎみにし、「にこにこ」とリラックスしながら、喉の奥から「お」を出すと、無理なくこの"e"を出すことができます。舌の位置は「お」とほぼ同じですが、慣れないうちは"o""e"、"o""e"と繰り返し、口の形と音を出す部位を確認しながら練習するとよいでしょう。

●"ü"：唇は"u"で"i"と発音

　これも日本語には存在しませんが、"去 qù（行く）"のように頻繁に出てくる言葉にも入っていますので、できないと困ります。

　まず"u"と同じように唇を丸くすぼめた状態をキープします。次に舌を下の歯の裏側に付けて"i"と発音します。唇を緊張させて狭い"u"を保ってください。細いストローをくわえているような状態で"i"と発音してみましょう。

　母音の発音のコツについてお話ししてきましたが、「100回聞いても1回の練習に及ばず」**"百听不如一练** bǎi tīng bùrú yí liàn"です。まず、正しい発音を浴びるように聞きながら、うんざりするほど繰り返しコピーするのが近道です。

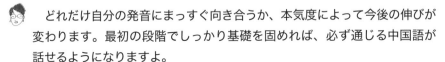

　どれだけ自分の発音にまっすぐ向き合うか、本気度によって今後の伸びが変わります。最初の段階でしっかり基礎を固めれば、必ず通じる中国語が話せるようになりますよ。

　僕も今まで発音をおろそかにしてきたせいで、なかなか通じなかった苦い経験がたくさんあってね。今日あらためて先生にいろいろと教わることができて、本当によかった！

　ところで有気音と無気音について聞いてもいいですか？　この前、うちの息子の嫁の日本語を褒めるつもりで、**"你真棒!** Nǐ zhēn bàng!（素晴らしい!）"と言ったら、**"你真胖!** Nǐ zhēn pàng!（太っているね!）"と聞こえてしまったようで、ムッとされてしまいましたよ。

　「太っている」なんて言われたら、ショックですよ～。

　うらやましいなあ！

　え！　どうして？

だって、家族に中国人がいるなんて、先生がすぐそばにいるみたいじゃないですか。

 そうですね。お互い学び合う環境があれば、上達も早いですね。

 それはありがたいのですが、息子の嫁は語学教師ではないので、「まねして！」と言うだけなんです。先生、何かコツはありませんか？

 そうですね……。鈴木さんは「有気音」と「無気音」をどんなふうに習われたんですか。

 僕はテープの録音を聞きながら練習しただけで、語学学校で発音を習ったことはありません。

一度だけ中国人の留学生に聞いてもらったら、「『有気音』はとにかく息を出して、『無気音』は日本語の濁音のように発音すればいい」と言われました。

 日本語の濁音のように発音してしまうと、確かにそれらしく聞こえるかもしれませんが、やはり中国語の発音とは違うんですよね。

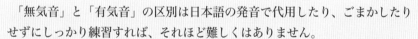

講義2 「無気音」と「有気音」

「無気音」と「有気音」の区別は日本語の発音で代用したり、ごまかしたりせずにしっかり練習すれば、それほど難しくはありません。

日本語の「濁音」と「清音」の区別に近いといわれていますが、そうではありません。そもそも中国語の標準語には日本語の濁音に相当するものがないので、最初から日本語の「濁音」という母語干渉を受けずに、中国語の発音をよく聞きながら練習するとよいでしょう。

まず大事なことは、中国語の「無気音」「有気音」はどちらも「破裂音」だということです。例えば"p"や"b"は閉じた唇から一気に音を出す音です。

「無気音」は唇を弾ませるようにして、息が破裂する音は出しません。一方、有気音は息をパッと激しく出しますので、"pa（パッ）""pu（プッ）"のように破裂後の息がハッキリ聞こえます。まず、この違いをしっかり聞き分けられるようにしましょう。

実際に発音してみましょう。「無気音」を発音するときは、まず唇を強く閉じて、それから素早く息の音を出さないように発音してください。「息を殺す」と表現する先生もいますが、息の音がしないようにしてすぐ母音を「同時に」

出すようにすれば、それらしく聞こえるでしょう。

「有気音」は同じようにまず唇を閉じますが、例えば種を吐き飛ばすような感じで"p（プッ）"と発音し、その直後に"u"と言います。「無気音」と違うのは母音を少し遅らせることです。"p-無音-u"というような感じになります。母音を同時に出すか、わずかに遅れて出すか、それも「無気音」と「有気音」を区別するポイントになると思います。

よく紙を口の前にかざして、息が出て紙が動くかどうか見ながら練習したりしますが、紙ではなくティッシュペーパーの使用をおすすめします。なぜなら、紙は相当に息を出さないと動かないので、「有気音」が強くなり過ぎて、特に女性の場合はきつく聞こえます。柔らかいティッシュペーパーで十分です。

これも「100回読んでも（聞いても）1回の練習に及ばず」**"百读（百听）不如一练** bǎi dú (bǎi tīng) bùrú yí liàn"ですね。ネットの動画やテキストに付いている音源、中国人の友人の発音をよく聞いて、うんざりするほど繰り返し練習しましょう。

また、語学学校の先生に発音をチェックしてもらうことをおすすめします。自己流で練習するだけでなく、「試合」に行ってどの程度通用するか確認できれば、練習の励みにもなりますし、安心できます。

なるほど。これで何とか「無気音」と「有気音」の壁を乗り越えられそうだ。
先生、昨日ラジオ講座を聞いたんですが、"**人生真精彩**（人生は本当に素晴らしい）"の"**人生** rénshēng"がうまく聞き取れなくて、"**人参** rénshēn"だと思っちゃいました。「人参」（薬用のチョウセンニンジン）と「人生」がごっちゃになってしまって。

私たち、「前鼻音」と「後鼻音」の区別をうるさく言われて、「an」と「ang」を散々練習させられましたけど、中国人も時には間違っているんじゃないかなと思うんです。

そうですね。実は中国南部の一部の地域では、その区別がないんですよ。南方の先生にこれは「前鼻音」か「後鼻音」かと聞かれたことがありましたよ。日本語の「案内（あんない）」と「案外（あんがい）」の「あん」という発音を比べてみてください。微妙に違いますよね。発音してみて。

「案内」「案外」。

え？　どこが違うんですか？

あ、なんか違うような気がします。どう違うのか説明しにくいんですけど。

「案内」の「あん」は、舌先が前歯か歯茎に付くような感じ。調音部位、つまり音を出す場所が前寄りです。例えば「アンナ」「安心」と同じように発音しますね。

それに対して「案外」の「あん」は、「あ」を発音した後、大きく口をあけたまま、鼻から抜ける感じで声を出す音ですね。「あんが」と発音してみて、「ん」のところで止めてみてください。発音する場所が「案内」の「あん」と違うでしょう。「案外」の「あん」は、舌の後ろで調音するのに対して、「案内」のほうは舌先を使って、下歯茎の少し後ろで調音します。

つまり「案内」の「あん」は、中国語の「an」で、「案外」の「あん」は中国語の「ang」ですよ。

本当ですね。日本語と対比しながら説明していただくと、本当に分かりやすい！　日本語にも同じような音があったんですね。

そうなんですよ。ただ私たちは「案内」と「案外」の「あん」の区別をせず使っていますので、中国語の「n」と「ng」の区別が難しいんですね。いくつか練習しましょう。

人参　⇔　人生
rénshēn ⇔ rénshēng

上船　⇔　上床
shàng chuán ⇔ shàng chuáng

前身　⇔　前生
qiánshēn ⇔ qiánshēng

でも、佐藤さんが先ほど言われたように一部の中国人もこの「前鼻音」と「後鼻音」を区別していませんし、皆さんが苦戦する「zh、ch、sh、r」という発音にしても、発音しない地域がけっこうあるんです。

え？　どうして区別しなくても通じちゃうんですか？

それはね、「声調」が正しければ通じるんです。"**我是**"を"wǒ shì"と言わずに"wǒ sì"と言っても、声調が正しければ伝わります。

ああ、「声調」も私の大きな悩みの1つです。「声調」がなかなかうまく言えなくて、中国人に通じないもんだから、結局、筆談になってしまってね。

「声調なくして成長なし」ですね。

　こりゃあ、一本取られたね。

　高校の先生に、中国語の四声は日本語のアクセントのようなものって教わったんですけど、そうなんですか？　だって、日本語はアクセントが違っても通じるけど、中国語は全然、通じないみたいだから。

　私もそう聞きました。でも、ある日、先生が「中国語の声調は、日本語のアクセントよりずっと厳しいものがあって、『てにをは』と同じぐらい、間違ってしまうと通じない。だから、1に声調、2に声調、3もやはり声調」とおっしゃったのを聞いて、すごく納得しました。

　やっぱりそうなんですね。私『四声完全マスター』（コスモピア）というトレーニングの本で、2音節の声調の組み合わせとか、5音節のとか、練習がんばっています。

講義3　声調

　語学学校では新入生のレベルチェックをしたり、学習相談を受けたりすることがあります。その際、中国語を「流暢に」たくさん話すものの、何を言っているのか非常に聞き取りにくい人がいます。その原因は発音そのものではなく、「四声」（声調ともいいます）が不正確で、乱れが激しいためでした。

　ある日、学生が**"我完了。Wǒ wán le.**（私はもうおしまいだ。）"と言っていたので、「どうしたの？」と心配して聞いてみると、**"我忘了。Wǒ wàng le.**（私、忘れた。）"の間違いでした。「n」「ng」の違いもありますが、「四声」の違いが決定的で、まさに「笑っていいのか泣いていいのか分からない」**"哭笑不得 kūxiào-bùdé"**という状態でした。

　中国語の「四声」は日本語のアクセントに似ているといわれています。私もそのように説明してきましたが、少し前その考えを改めるべきだと痛感したことがあります。

　コツをよくつかんで実力を伸ばしていた学生さんがふと、こんなことを言ったのです。「中国語の四声は、日本語のアクセントより厳しいものがあって、むしろ『てにをは』と似ている性質があるように思えます。日本語では『彼に聞く』と『彼は聞く』とでは意味がまったく違ってきますから」。その方は

日本語教師もしており、いわゆる教えるプロでした。「間違えれば通じない」、それよりもっと怖いのは「誤って伝わってしまう」ことであるというのです。

　現に多くの方々は「四声」に大変悩まされています。日本人にとって「四声」は中国語を学ぶ上で必ずぶち当たる難関の1つだといえましょう。

● 語学はスポーツのようなもの

　試合に出るためには普段の練習が不可欠です。野球でいえば、素振りをまったくしないでホームランは打てませんね。四声は中国語の根幹と言うことができます。四声を正しく言えるようになれば、より正確かつ自然に自分の気持ちを伝えることができます。

● 発音の上達は練習にあり

　四声は生半可な取り組みでは身に付きませんが、本腰を入れてトレーニングすれば習得できます。四声の違いを聞き取ったり、発音したりできるようになれば、スポーツの試合で勝利した後のような爽快感、達成感を味わうことができるでしょう。

● 日本語と比較しながら正しい発音を習得

　中国語の四声と日本語の比較を通して、中国語の正しい発音を習得するのも1つの方法です。

　日本語のアクセントは、2つ以上の音節がないと判断しにくいようです。例えば「し」の発音だけだと、「詩」なのか「市」なのか、はたまた「四」なのかさっぱり分かりません。でも、中国語は1音だけ聞いても声調の違いから意味が分かるのです。

　2音節の言葉で考えてみましょう。日本語は「はし（橋、箸）」「かき（柿、牡蠣）」「あめ（飴、雨）」のように「低─高」または「高─低」の2パターンがあります。一方、中国語の場合は1つの文字に基本的に1つの「四声」、2音節の場合は軽声を除いてその組み合わせが15通り、その中には高い音の組み合わせが4つ（第1声と第4声の組み合わせ／1-1、1-4、4-1、4-4）、低い音の連続が3つ（第2声と第3声の組み合わせ／2-2、2-3、3-2、3-3＝2-3）あるわけです。

これまで日本の方に中国語を教えてきた経験から考えると、ほとんどの方は音節1つ1つを単独で発音するのはあまり問題がないのですが、2つ以上の音節をつなげて発音するとぶれたり、不安定になったりするケースが非常に多いように思えます。

　　「1から2が生まれ、2から3が生まれ、3から万物が生まれる」"一生二，二生三，三生万物 yī shēng èr, èr shēng sān, sān shēng wànwù"、1音節が大丈夫なら、次に2音節の言葉を固め、それができるようになってから、3音節の言葉まで制覇すれば、怖いものなしだと言えるでしょう。

　　声調といえば、僕、女の人に道を聞こうとして、"请问 qǐngwèn（お尋ねしますが）"って言うつもりだったのに、"请吻 qǐng wěn（どうぞキスしてください）"って言ってしまったらしくて……。

　　最悪じゃないですか。下手すると殴られますよ。

　　さすがに殴られはしないでしょうけれど、それだけ「声調」は厳しいものがありますよ。声調がなかなか身に付かない原因はどこにあると思いますか？

　　最初に発音を間違って覚えてしまったからかな。

　　日本語の発音に引っ張られて、日本語風の中国語になってしまったとか。

　　そもそも、正確な発音を覚えていないからじゃないですか。頭の中で参照できるものがなくて、自分で正しいかどうか、判断できないんじゃないかな。

　　「覚えていない」「間違って覚えている」「日本語的な発音になっている」……ということなら、ポイントを絞って、繰り返しトレーニングすることによって、正しい発音を定着させることが可能ですよね。

　　そうなんですよ。もっと、きれいに発音できるようになりたくて。

　　正しく発音できれば、コミュニケーション力もアップしますしね。

　　「泳ぎ方」の本をいくら読んでも、プールに入って手足を動かさなければ泳げるようになりませんからね。しっかり練習してください。

　　僕は"旱鸭子 hànyāzi（金づち）"と言われているけれど、プールに入ると速いですよ。

　　速いんだったら、金づちって言わなくないですか？

　　前に進むのが速いんじゃなくて、沈むのが速いんだよね。

　　まあ、とにかく素振りをたくさんしないとボールを打つことはできっこな

いしね。

 語学もスポーツのように練習、練習、また練習。「声調なくして成長なし」。

先生、僕のダジャレ、気に入っていますね。

教材選び

　教材には相性がありますので、手に取って気に入ったものを選びましょう。総合的に学べるテキストなら発音編が詳しいものが望ましいです。発音の動画が付いていればさらによいでしょう。以下には、ネイティブスピーカーが発音している口元が見られる動画もあります。

◆大阪大学 世界言語研究センター「発音の基礎ートレーニング」

http://el.minoh.osaka-u.ac.jp/flit/public/zh/p_kiso/

http://el.minoh.osaka-u.ac.jp/flit/public/zh/p_kiso2/

初級段階の発音を学ぶ映像教材。紛らわしい発音を映像で確認できる。

◆明治大学 加藤徹先生「中国語発音学習教材」

https://www.isc.meiji.ac.jp/~katotoru/chinvu.html

ひとりで学べる発音教材。中国語の発音の仕方のコツを詳しく解説。

◆関西大学中国語教材研究会「四声切替：中国語基本音節表」

http://www.chlang.org/yinjie/type01_m.php

どんな音節があるのかを全部聞ける。第1声から第4声まで全部の音声あり。

◆NHK「声調確認くん」

https://www.nhk.or.jp/gogaku/hatsuon/

お手本の音と自分の発音を対比させて、声調の違いを視覚的に確認できるアプリ。

◆『チャレンジ！中国語 入門編』（アスク）

https://www.ask-books.com/978-4-86639-391-9/

ページ下部「解説動画」に、発音の実演とポイント説明がある。

3

単語

最近、物忘れがひどいんだよ。自分の携帯だって置き忘れちゃうくらいだから、中国語の単語も覚えたつもりが右から左へとすぐ忘れてしまって……。単語を確実に覚えるコツというか、秘訣はありませんか？

いいことをお話ししましょう。中国語の場合、新しい単語といっても漢字の組み合わせですから、日本人にとって視覚的には覚えやすいんですよ。覚える前から、漢字を見れば意味が分かるというものも少なくないんです。

ただ、問題は発音ですね。会話をしようとしてもなかなか通じないと悩む方がいたんですが、よく聞いてみると発音が不正確だったんです。入門段階から、1つ1つの音はもちろん、2字、3字が組み合わさった場合にどうなるかなど、正しい発音を習得する訓練が必要なんです。

私も最初はなかなか覚えられなかったんですが、千本ノックを受けるようにテキストの単語を繰り返し声に出して発音して、覚えるようにしましたよ。

どうりで佐藤さんの中国語はきれいですよね。私はフィーリングで適当な感じで話しちゃっていますけど……。

日本語の「丸暗記」にはマイナスの響きがありますが、正確に覚えることはとても大切ですよ。音のイメージをしっかり頭に入れて、正しい発音を繰り返しまねて、言えるようにしてください。

単語をしっかり覚えておかないと、ラケットを持たずにテニスの試合に行くようなもので、勝ち目がないですよ。

単語の発音を正しく、はっきり覚えておかないと、相手の言った単語も理解できないんですよね。単語を覚えるときには、発音をそっくり暗記するようにと先生に言われました。

先生は入門段階の学生たちにどのように指導なさっているんですか。

講義1　入門・初級段階の覚え方

入門

　まず基本的な発音を固めながら、テキストに出てきた単語を徹底的に覚えるのが近道でしょう。日本語の漢字の影響を受けやすいため、漢字を見ないでピンインだけ見て覚えるのもよい方法だと思います。

　辞書で調べて、言いたい言葉をどんどん覚えていく方法も否定はしませんが、文脈の中で覚えないと不自然な言葉遣いや違和感のある言い回しになる恐れがあります。優先して覚えるべき重要で使いやすい言葉が抜けたり、おろそかになったりしがちなので、ランダムなやり方はおすすめできません。

初級

　単語の量が増えますが、入門段階と同じようにテキストに出てきた単語をキッチリ頭にたたき込むのがよいでしょう。テキストに登場する語彙は、使用頻度が高いものが選ばれています。発音の特徴を把握するのに役立つなど、単語選定は工夫されているんです。

　入門・初級段階で大事な点は以下のとおりです。
① テキストの単語リストの音声を活用し、それを聞きながら口に出すのが大切。発音が自己流になることを防ぐのに役に立つ。漢字に頼って覚えるのではなく、できるだけ音とイメージで覚える。
② むやみに辞書を暗記しない。テキストの文中、あるいは文法解説の例文でどのように使われているのかを把握した上で、文とともに覚えることが重要。文脈や対話の中で理解しないと、正しく使えない。対話相手との人間関係、状況や感情などとセットで覚えるほうが覚えやすく、より自然な表現が身に付きやすい。

　可能なら、学習仲間を作るなどして実践の場で使ってみるとよいでしょう。さらに「（料理が）おいしい（**好吃** hǎochī）」「（飲み物が）おいしい（**好喝** hǎohē）」のように、同じパターンを使って言葉を増やす練習も有効です。

例：**好吃** hǎochī（おいしい）、**好喝** hǎohē（おいしい）、**好看** hǎokàn（美しい〔面白い〕）、**好听** hǎotīng（〔音や声が〕美しい）、**难吃** nánchī（まずい〔食べにくい〕）、**难喝** nánhē（まずい〔飲みにくい〕）、**难看** nánkàn（醜い）、**难听** nántīng（耳障り）

先生、辞書を使わないんですか？　私は高校で、最初に辞書の使い方を教わったんですけど。

使ってもいいんですが、まずテキストに集中しましょう。テキストには音声もありますし、限られた学習時間の中で効率よく学ぶにはテキストの単語をきっちり覚えることです。タイパ（タイムパフォーマンス）も大切ですよ。テキストにはその単語を含めたフレーズや文もあり、使いやすいですからね。

書いて覚えたほうがいいですか、それとも聞いて覚えたほうがいいでしょうか。

初級の場合、何よりもまず発音（ピンイン）を正しく覚えてください。覚え方はいろいろあり、どの覚え方が合っているかは個々人で異なりますが、まず耳を鍛えていただきたいんです。

音声を繰り返し聞いて、音をインプットするやり方を強くおすすめします。繰り返し聞いた上で、さらにブツブツと声に出してみるのも有効です。とにかく、漢字にとらわれすぎないよう音をよく聞いて、音とともにその意味を脳内で映像化して覚えてみてください。

そういえば、先生は "9" の発音を教えるとき、「ジュー」ではなく "jiǒu" と黒板に書かれて、真ん中に "o" という発音が隠されていると教えられました。
そのときに **"酒"** も "jiǒu" だと気付いたんだよね。映像化したら、"9" と **"酒"** が混乱しちゃって酔いそうになったよ。

"9" って **"酒"** と同じ発音だったんだ……。言われるまで気付かなかったな。でも "9" や **"酒"** は漢字を見れば意味がすぐ分かるから、読むのは楽だよね。

そうでもないよ。中国語の中には日本語と同じ漢字なのに、意味が全然違うものがあるんだよ。

そうなんですよ。この前、中国人の先生から奥さんのことを **"老婆** lǎopo" って言うんだって教わって、思わず笑っちゃいました。

奥さんは **"爱人** àiren" なんじゃないの？

　以前は「妻」のことを "**爱人**"（「夫」も "**爱人**"）とも呼んでいたみたいですが、最近は "**太太** tàitai" "**老婆**" と言っているみたいですよ。

　混乱してきた。"**老婆**" もヒドイけど、"**太太**"（太〔い〕太〔い〕）もびっくりだね。やっぱり、ちゃんと覚えないといけないね。

　ところで、中国語の中には日本から逆輸入された言葉もたくさんあるそうですね。

　ああ、"**寿司**" とか？ "**刺身**" とか？

　もっと基本的な言葉にもたくさんあるんですよ。例えば、「経済」「社会」「政治」「哲学」なんかは、皆、明治維新のときに日本人が西欧の概念を翻訳するため、漢籍をもとに作った言葉だと言われていてね。そういうのは中国語でも同じ意味で使われているから、発音さえしっかり確認すればそのまま使えちゃうんですよね。

　そうですよ。ちなみに「留学生」というのも遣唐使の時代に作られた言葉ですよ。

　ええぇ！ "**学习了**。Xuéxí le.（勉強になりました。）"

　うちの会社の中国人社員も "**学习了**。" を使っていましたよ。

　そのうち、「人気」や「留守」なんかも、中国語になるんじゃない。

　もうなっていますよ。"**人气** rénqì" はもともと「人の気配」で、違う意味で使っていましたが、最近は中国で権威のある辞書《**现代汉语词典**（現代漢語詞典）》にも日本語と同じ意味が載っていて、日本由来の外来語として使われていますね。先ほど鈴木さんが "**老婆**" の話をされましたが、いくつかの漢字の言葉についてお話ししましょう。

講義2　漢字が分かる日本人にとっての利点と注意点

　漢字や漢字語彙が分かるということは、習う前から意味はすでに知っているわけです。例えば "**经济** jīngjì（経済）" という言葉は新しく覚える必要はなく、発音だけ確認すればいいのですから有利ですね。そのような言葉には "**社会** shèhuì" "**政治** zhèngzhì" "**哲学** zhéxué" "**留学生** liúxuéshēng" "**场面** chǎngmiàn（場面）" "**场合** chǎnghé（場合）" など、重要なものがたくさんあります。"**经济**" "**经营** jīngyíng（経営）" "**经理** jīnglǐ（経理）" など、芋づ

る式に再確認の作業をしていくことで語彙が増えていきます。

　ただし、本当に同じ意味かどうかの確認を怠ってはいけません。同じ漢字を使っても意味が異なることは珍しくありません。例えば、日本語の「水」は必ず冷たいものですが、中国語の**"水 shuǐ"**は沸騰していても**"水"**です。極端なことを言えば、「水でも飲んで」と手渡されたコップには熱湯が入っているかもしれません。

　また、中国語でただ**"肉 ròu"**と言えば、ふつうは豚肉を指します。さらに、日本語の「赤身」は中国語では通じず、**"瘦肉 shòuròu"**と言わなければなりません。痩せている肉なんて、日本語から発想することは不可能でしょう。

　家族に関する言葉では、日本語の「娘」と中国語の**"娘 niáng"**（＝母親）のように全く違う意味になることもあります。**"老婆 lǎopo"**も有名な例ですね。

　ほかには、「意見がある」は中国語で言うとギョッとされることがあります。「批判意見がある」という意味になることが多いからです。日本人は建設的なアイデアを出すつもりで言っても、中国人側ではたちまち緊張が走ったりするかもしれません。

　また例えば「妖精」という言葉は、日本語では「妖精のようにかわいい」と褒め言葉になりますが、中国語では「不気味な妖怪」に近いので、うっかり中国人女性に「あなたは妖精のようだ」と言えば侮辱ととられかねません。

　このように、誤解を招きかねない「同形異義語」が多々ありますので、漢字が同じだからと油断せず、面倒くさがらずに必ず意味を確認したほうがよいでしょう。中国語が下手なうちは笑い話ですみますが、中・上級者になると思わぬ誤解を招く恐れがあります。どんなに基本的な言葉でも、というより基本的な言葉ほど、本当に同じかどうか、違いがないかどうか確認する習慣を身に付けておくとよいでしょう。

中・上級段階の覚え方

中級

　単語の量はさらに増え、表現も広がるので、テキストや生の文章に出てきた単語をどんどん吸収していくといいですね。市販の『キクタン中国語』（ア

ルク）のような単語帳、中検やHSKの試験対策本などを使ってカテゴリー別に単語を仕入れる努力をするのもよいでしょう。

　ネット上にも単語リストがたくさんあります。例えば中国語学習誌『聴く中国語』（愛言社）のサイトには類義語の区別に焦点を当てたり、「夏に使う言葉」などカテゴリー別に分けたりした単語リストが掲載されていますので、一度のぞいてみるとよいでしょう。

上級

　関心のある分野の単語を積極的に仕入れつつ、既習の単語の応用力を付けて、新旧を組み合わせて表現の幅を広げていくようにすると定着しやすいですね。ただし、この段階になると頻繁に登場する基礎的な語彙だけではなく、専門的な言葉や、特定の文脈にピッタリ合う細かいニュアンスを区別するような言葉が増えていきます。そうなると、初級から中級にかけて感じられたような顕著な進歩は実感しにくくなるかもしれません。

　深い内容を丁寧に表現したり、個々のニュアンスを的確に区別したりできる喜びを感じながら、辛抱強くやっていく必要があるでしょう。

　中国人の会話や文章の中には成語がよく出てきますが、それも覚えたいですね。

　そうですね。私は交換教師として中国の大学に日本語を教えに行ったことがありましたが、その時、中国人の学生にもっと日本語の四字熟語やことわざを教えてほしいと言われましたよ。

　四字熟語やことわざを使うと、説教くさいと思われませんか？

　そうだよね。例えば「二兎を追う者は一兎をも得ず」……とか。

　そんなの、会話で言わないですよね。

　でも、「五十歩百歩」とか「一石二鳥」とか、「うわさをすれば何とやら」……みたいによく使うものもありませんか？

　確かに状況をうまく言い当てている表現もありますよね。

　中国では会話で頻繁に使うんです。小学生のときから習っていますし、書店には子ども向けの本のコーナーにも故事成語を覚えるための本や練習帳

が山積みされていて、中国人にとって欠かせないものなんですよ。

この前、"说曹操曹操就到 shuō Cáo Cāo Cáo Cāo jiù dào（うわさをすれば影）"を習ったんですけど、曹操が出てきたりしてとても面白かったです。

"一举两得 yìjǔ-liǎngdé（一挙両得、一石二鳥）""千里之行，始于足下 qiānlǐzhīxíng, shǐyúzúxià（千里の道も一歩から）"は会話の中でも使えそうですしね。

知っていればどうってことないけれど、知らないと「何？　何？」って、すごく慌てちゃうと思うんですよね。中国人の同僚の会話を聞くと、四字熟語がけっこう出てきますよ。

また、日本語では擬態語や擬音語で表現することを、中国語では成語や慣用句で表せることもあります。例えば「ドキドキする」を"提心吊胆 tíxīn-diàodǎn"、「バタバタする」を"手忙脚乱 shǒumáng-jiǎoluàn"と言ったりします。

そうそう、この前、外国人の日本語が上手になったかどうかを判断するのに、擬音語や擬態語が自然に使えるかどうかが1つのバロメーターになるって聞きましたよ。

中国では日本語ほど擬音語や擬態語がないので、その役割は形容詞や動詞を重ねて表現したり、四字熟語で表現したりしていますよ。先ほどの「バタバタする」、あるいは「ジタバタする」は"慌慌张张 huānghuāngzhāngzhāng"と言ったりもします。いくつか例を挙げておきましょう。

（大変）びっくり	大吃一惊 dàchī-yìjīng
そっくり	一模一样 yìmú-yíyàng
コツコツ	孜孜不倦、勤勤恳恳 zīzī bú juàn, qínqínkěnkěn
すらすら暗記する	倒背如流 dàobèi-rúliú
どきどき	忐忑不安、提心吊胆 tǎntè bù'ān, tíxīn-diàodǎn
にこにこ	和蔼可亲、笑容满面 hé'ǎi kěqīn, xiàoróng mǎnmiàn
うきうき	高高兴兴、欢欢喜喜 gāogāoxìngxìng, huānhuānxǐxǐ

中国の小学校の国語教科書。1、2年ですでに4文字の表現や成語が載っている。左が『義務教育教科書 語文』（人民教育出版社）の小学1年上巻、右が小学2年上巻

講義3　自分に合った覚え方を見つける

　覚え方にはいろいろありますが、Aさんに適した覚え方が、Bさんにも適しているとは限りません。相性があります。ここでは、ちょっと変わった方法もご紹介します。もちろん、ほかにも覚え方はあります。いろいろ試してみて、自分に合った覚え方を見つけましょう。

●忘却曲線とうまく付き合おう

　まずは忘却曲線の話から。これは覚え方ではありませんが、知っておくと役立ちます。

　ある研究によると「覚えた内容の42％を20分後に忘れ、1時間後に56％を忘れる。1日経つと74％を、1週間後には77％を忘れてしまう。さらに1カ月後は覚えた内容の79％を忘れる」とのことです。この忘却曲線とうまく付き合いながら、忘れることを少しでも遅らせるように、学習した1日後、4日後、7日後というように繰り返し復習するとよいでしょう。

　冷蔵庫の前やトイレの壁など、身近な目に付くところに覚えたいものを貼っておいて、忘れないうちに復習する習慣を付けましょう。

●映像を思い浮かべながら覚える（イメージ学習）

　言葉を処理するのは左脳の働きだそうです。このときイメージを司る右脳をうまく使うと、記憶の定着がより強固なものになるといわれています。そこで、次のような方法も有効でしょう。

① 効果音

　ネット上にある、または市販されている効果音を活用して、特定の場面を頭に描きながら、思い浮かんだ関連する単語や文を言ってみる。これは既習の単語を整理して定着させるのに役立つ。例えば洗濯機を回す音を聞くと、**"洗衣机 xǐyījī（洗濯機）"**、**"衣服 yīfu（服)"**、**"洗 xǐ（洗う)"** などの単語レベルから、**"她在洗衣服。Tā zài xǐ yīfu.（彼女は洗濯している。)"**、**"我买了一台新洗衣机。Wǒ mǎile yì tái xīn xǐyījī.（私は1台新しい洗濯機を買った。)"** のような文レベルまでの練習ができる。

② 映画や演劇のワンシーン

　頭の中で映画のワンシーンを思い浮かべて、そのシーンに関連付けて覚える。あるいは、自分が役者になったつもりで、演劇のワンシーンを演じるようにセリフに感情を込めて言うと、体で覚えることができる。

　単語帳をめくりながら暗記した言葉はすぐ忘れてしまうのに、ドラマなどの印象的なシーンのセリフだと、たった一度聞いただけでも覚えてしまうことがありますね。好きなドラマや映画から好きなシーンを選んで、まずは何か1つ単語を覚えてみましょう。日本の漫画や小説、海外の映画やドラマを中国語に翻訳したものでも構いません。とにかく、気に入った中国語のセリフなら楽しく覚えられるのではないでしょうか。

　好きな歌を覚えるのもいいと思います。歌の場合は声調までを正しく覚えるのは難しいかもしれませんが、興味のある題材を活用した覚え方の1つです。

●五感で覚える

　例えば、**"做菜 zuòcài（料理を作る)"** を次のような方法で覚えてみましょう。

① 視覚

　母親が自分の一番好きな料理を作っている姿を想像したり、レストランのオー

プンキッチンでコックさんがおいしそうな熱々の料理を作っているシーンを思い浮かべたり、あるいは自分が好きな食材を洗ったり、刻んだり、炒めたりする場面を想像したりしながら覚える。

② 聴覚

台所で「トントン」と野菜や肉を切る音、あるいは鍋で「グツグツ」煮込んでいる音を想像しながら覚える。

③ 嗅覚・味覚

厨房から漂ってきた料理のにおい、食べたときのおいしさを思い浮かべる。例えば「サクサクしていて、おいしそうな料理を作っている場面」など、プラスイメージの状況を思い描きながら覚える。

● 数字の覚え方

数字は日常生活の中でよく使われますが、意外に覚えにくいものがあります。そこで以下のように分けて四声を頭に入れて、ゲーム感覚で覚えていきます。

1、3、7、8＝第1声
0、10＝第2声
5、9＝第3声
2、4、6＝第4声

① 指で数えながら覚える。片手で順番に数えたり、後ろから数えたり、奇数だけ、または偶数だけ言ったり、あるいは両手で奇数・偶数を交互に数えながら覚える。

② 1〜30までを数え終わった時間をスマホなどで測ってタイムトライアル。あるいは30秒間でどこまで数えられるかをカウント。自分の最速記録、最多記録の更新を目指して取り組めば、やればやるほど速く・多くなるので達成感を味わうことができる。友人と2人で、あるいはグループで競うと盛り上がる。

速く言おうとすると発音がめちゃくちゃになるのではないかと心配される方がいますが、速さと正確さ（サンプル音声を聞いて音の正確さを確認する）を交互に練習すればその心配もなくなります。

そういえば、先生は「連想ゲーム」風に単語を増やす訓練もしましたね。毎回写真を撮って復習するようにしていますよ。

連想ゲームの様子。"说"から思い浮かんだ語を次々に書き出していく

それは面白い！　だいぶ前にあったNHKの「連想ゲーム」という番組から発想したものですね。

そういう番組があったんですか。面白そう！

私は音楽を流したり、お香を焚いたりして、できるだけ心地よい環境で覚えるようにしています。時には自分にご褒美を与えたりもするよ。

ご褒美？　私もほしいな。どんなご褒美？

覚えるとアイスが食べられるとか、100円を貯金するとか。

時には、心地よく感じられる言葉から覚えると、脳も喜んでどんどん覚えてくれる効果があるようです。例えば "**好** hǎo（よい）"、"**高兴** gāoxìng（うれしい）"、"**喜欢** xǐhuan（好き）"、"**不忙** bù máng（忙しくない）"、"**不累** bú lèi（疲れない）" など。

自己暗示も大切ですよ。中国人と流暢に話す姿を上手にイメージしながらやると、学習効果が上がりますよ。

私の中国人の先生は、いつも「童心に戻れ」とおっしゃっています。子どもが大好きなものを覚えてしまうように、好奇心を持ってワクワクしながら覚えるといいって。

そして、人とコミュニケーションを取ろうとする気持ちを持つこと。高校中国語教育の「めやす」*を策定する仕事に携わったことがありますが、「分かる」⇒「できる」⇒「つながる」という流れが大切なんです。

今使っているのは『できる・つたわるコミュニケーション中国語』（白水社）

というテキストなんですが、話すことで人とつながっていける感じがします。

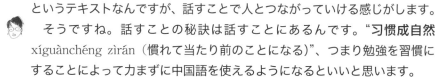

　そうですね。話すことの秘訣は話すことにあるんです。"**习惯成自然** xíguànchéng zìrán（慣れて当たり前のことになる）"、つまり勉強を習慣にすることによって力まずに中国語を使えるようになるといいと思います。

　中国の友人から "**失败是成功之母** shībài shì chénggōng zhī mǔ（失敗は成功の母）" という言葉を教わりましたが、間違いも成功につながるはしごの一段だと思えば、何だかありがたいですね。

　「失敗は成功の母」なら、「成功の父」は誰なんでしょうね。

　自信、勇気、行動、根気、経験、継続でしょうか。

*『外国語学習のめやす2012―高等学校の中国語と韓国語教育からの提言―』（公益財団法人国際
文化フォーラム）https://www.tjf.or.jp/publication/meyasu/

文法

　今までの英語教育の影響か、意外にも文法の勉強が好きな人は多いようです。

　そうですね、語学学校の「文法講座」は人気の講座になっていますよ。

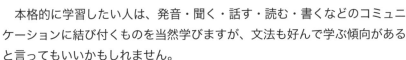　本格的に学習したい人は、発音・聞く・話す・読む・書くなどのコミュニケーションに結び付くものを当然学びますが、文法も好んで学ぶ傾向があると言ってもいいかもしれません。

　それから、ほとんどのテキストは文法シラバスで作られています。

　私が英語を習ったときも文法中心の授業で、試験もその比重が大きかったね。

　文法はプラモデルを組み立てていくのに必要なマニュアルのようなもので、文法を学べば効率よく正確な文を作れるようになりますね。

　例えば、"吃了 chīle" の否定 "没吃 méi chī" は、「食べなかった（過去）」「まだ食べていない（未完了）」の両方の意味があるんですが、それが分かれば自分の表現意図を正確に伝えられますよね。

　僕は文法ルールを暗記するのが苦手で、どちらかというと会話の中で使ってみて、通じたらそのまま使うという方法でやっていますけど。

　それも1つの学び方ですよ。

　でも、大事な場面でミスをすると困りますから、確実にコミュニケーションを行うために、正しい文法、正しい例文を仕入れておくほうが効率がいいとも言えますね。

　先生、文法ばかりやって、「マニュアル」の暗記が目的になってしまっている人もいますよ。完璧に話したり書いたりしようとして反応やスピードが落ちたり。

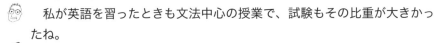　そうですね。何でもそうですが、バランスが大切ですね。

講義1 発話・作文などにつながる実用文法

入門・初級

日本語との対比で学ぶのも面白い

疑問文の作り方、文における時間や場所を表す言葉の位置などは日本語と中国語で似ているため、学びやすいことがたくさんあります。

その一方で、日本語のような動詞や形容詞の語尾変化がないこと、形容詞に過去形がないこと、否定を表す語は動詞・形容詞の前に置かれること……などなど異なるところもたくさんあります。それらをあらかじめ知っておくと、事前に誤りを避けることができます。

正しい語順、文の基本パターンをしっかり覚える

正しい語順を覚え、短いシンプルな文から長い複雑な文まで、発話・作文ができるようになることが重要です。文の基本的なパターンをしっかり覚えると、聞き取り、読解、会話、作文、何にでも活用できます。この正しい語順、文の基本的なパターンが文法であり、実用的な文法と言ってもよいでしょう。

会話（話し言葉）では、「『行って！』と彼に言うよ、もし時間があったらね。時間がなかったら、分からない。行けるかどうか」のように短いフレーズを重ねても構いません。しかし、これをメールで送ると、子どもっぽくてたどたどしい印象になります。メール（書き言葉）では「彼が行けるかどうか分からないが、もし時間があるなら行くように頼んでおく」と書くほうが明らかに伝わりやすいでしょう。

会話では、語順などのルールが緩やかになりますが、書き言葉ではなるべくルールに則って文を組み立てるのがよいでしょう。ただ、それは相手によっても異なり、またLINEや微信（WeChat）のようなショートメッセージだと省略したり、特殊な用語を多用したりします。

雑誌やパンフレット、メールなどの文書を読む場合も、現在・過去・未来、未完了・完了、事実・推測、依頼・命令、受身・使役……というようなことを区別しながら、意味を正しく読み取る必要があります。文法を学んでおくことは、「話す」「聞く」「読む」「書く」という日常の言語生活において大切

な土台となるので、おろそかにできません。

●覚え方

　文法項目そのものを暗記するのではなく、文法項目を含む文を、音読を中心にした練習で覚えていきます。例えば、「主語＋動詞」「主語＋動詞＋目的語」「主語＋動詞の否定形」……というように分けて、それぞれの基本パターンの例文を繰り返します。動詞を入れ替えたり、目的語を入れ替えたりしながら、少しずつ文をふくらませつつ、正しい形をしっかり覚えていきます。

　大事なのは文法項目にとらわれすぎないことです。文を覚えることを通して、文法を身に付けるのです。練習で覚える文は、実際の場面でどのように使えるかという視点で見るとよいでしょう。

　また、入門者の方には難しい話になってしまいますが、「使役文（～させる）」なら、「命令して～させる」はもとより、「頼んでやってもらう」という意味にも使えるので、そういう使えそうな文を一緒に覚えていくと効率的です。

彼に仕事をさせる	**让他工作** ràng tā gōngzuò
彼に仕事をやってもらう	**请（＝让）他工作** qǐng (ràng) tā gōngzuò
彼を休ませる	**让（＝同意）他休息** ràng (tóngyì) tā xiūxi
子どもを遊園地に行かせる	**让孩子去游乐园玩儿** ràng háizi qù yóulèyuán wánr
来週（私を）休ませてほしい	**请让（＝允许/同意）我下星期休息** qǐng ràng (yǔnxǔ/tóngyì) wǒ xià xīngqī xiūxi

　その際、どんな語順で言うのか、基本を身に付けておくことが重要です。シンプルな文を確実に言えるようになったら、応用として「休ませよう」「休ませていただけますか？」「休ませてもいい」「休ませない」「休ませたくなかった」のように表現をふくらませていきましょう。

　この基礎を身に付けておかないと、中・上級になったときに複雑な文を作る土台ができていないことになります。

文法は頭で理解するだけでなく、体感として身に付いていないと、会話や作文がスムーズに進みません。

　そこで、文章を手で書き写したり、音声を聞いた直後に口に出して繰り返したりするという作業を通じて、「語順感覚」を身に付けておく必要がありますね。

　「習うより慣れろ」ですね。

　「語感」という言葉がありますが、その中の特に「語順感覚」を磨いてほしいですね。

　そのためには、初級段階のうちに文法項目をできるだけ公式化（パターン化）して、同じパターンの例文をたくさん覚えることをおすすめします。

　パターン練習をやったおかげで、すぐ言葉が出るようになりました。

　先生のパターン練習や反復練習にはうんざりしたこともあったけど、確かに瞬時に反応できるようになったよ。

　私はどちらかというと、分析的に理屈を詰めていくタイプなんですけど、これからはすぐに反応できるような練習をしたいですね。

　何か具体的な練習方法を紹介していただけないでしょうか。

講義2　文法の公式化、借文練習

入門・初級

文法項目を視覚化し、パターン化、公式化する

　例えば連動文を習ったら、まず以下のように公式化します。

連動文⇒ | 主語 | + | 動詞（"去" "来" "回"） | + | 場所 | + | 動詞 | + | 目的語 |

　　　　　我　　　　　　去　　　　　　　　外面　　吃　　饭

　　　（私は外に食事に行く）

日本語の「～に行って…する」あるいは「…しに～に行く」という意味も一緒に覚えるとよいでしょう。

●借文練習

　文法ルールに沿って文を1つずつ「作文」するのも実力がつく練習ですが、ここでおすすめの練習法をご紹介しましょう。文法の例文の形を借りて、その一部をどんどん替えていく「借文」という方法です。これは作るのが簡単で間違えるリスクも少なく、達成感、満足感も得られます。

① 場所を替える例

我去 朋友家 吃饭。

Wǒ qù péngyou jiā chīfàn.

私は友達の家に食事に行きます。

我去 中国餐厅 吃饭。

Wǒ qù Zhōngguó cāntīng chīfàn.

私は中華レストランに食事に行きます。

② 用事を替える例

我去外面 散步。

Wǒ qù wàimian sànbù.

私は外に散歩に行きます。

我去外面 跑步。

Wǒ qù wàimian pǎobù.

私は外にジョギングに行きます。

③ 複数の項目を替える例

我 去 咖啡店 喝咖啡。

Wǒ qù kāfēidiàn hē kāfēi.

私は喫茶店にコーヒーを飲みに行きます。

我 回 家 吃饭。

Wǒ huí jiā chīfàn.

私は家に帰って食事します。

　同じ構文でこれだけ「借文」練習ができれば、しっかり頭の中に入るでしょう。

　また、1つ1つの例文の日本語訳を用意しておき、日本語の訳文を見ながら（あるいは携帯電話などに録音しておいた日本語を聞いて）中国語に言い換える訓練をすると、2つの言語の切り替えが速くなり、文のパターンと意味を強く結び付けることができます。文法項目にとらわれすぎず、体で文法を覚える良い方法です。

　中国語では語順が大変重要なので、常に「語順」を意識しながら練習することが大事です。

　テキストの文法解説の例文、あるいは学習ポイントの例文を完全にコピーして覚えるとよいでしょう。

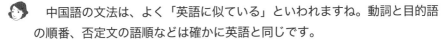

　中国語の文法は、よく「英語に似ている」といわれますね。動詞と目的語の順番、否定文の語順などは確かに英語と同じです。

　でも、例えば疑問文の作り方、場所・時間を表す言葉の位置などは日本語に近いですよ。

　英語とリンクさせながら理解しようとする人もいますけど、ややこしくなるので、日本語の文法だけを利用したほうが分かりやすいんじゃないかな。

　そうですね。僕、この前 **"我学汉语在大学。**（私は中国語を習っています**大学で**。）"と言ったら、「日本人なのに、欧米系の学生がやりがちな間違いをするね」って言われちゃいました。

　私は **"我去中国出差下个月。**（私は中国に出張に行きます**来月に**。）"のような文を作ってしまいます。

　欧米か!?

　そのネタ、古すぎだよ。愛凛ちゃん、分からないよね。

　元ネタは分かんないですね……。でも、日本人なのに「欧米化」されていませんか?……みたいな意味ですよね。

　AIみたいな解説、どうもありがとう。ギャグが古くてごめんね。

講義3　生の文章を使った文法学習

中・上級

　生の文章を読み、そこに登場する文法項目を取り出して、意味・用法を説明するところから始めます。入門・初級者の方には難しく見えると思いますが、具体的な方法をお伝えしましょう。本来は生の素材を使いますが、ここではテキストの本文を例に説明します。

① 下記の1）のように、文法項目（慣用表現、特別な組み合わせなども含む）を囲む
② 2）のように解説を加える
③ 3）のように囲み部分を隠して、もとの言葉が何だったか言ってみたり、大事な表現を繰り返し声に出したりして表現を覚えていく
④ 4）文章に関する質問をできるだけ多く作る

咪咪的一天

爸爸每天 起得很早 ，他 要 送健太去学校。出门 的 时候，妈妈 让 爸爸扔垃圾。咪咪每天都和妈妈一起在门口送爸爸和健太，它也 想 和健太一起去学校，因为它 想 看《我是猫》。

妈妈今天 要 和朋友 去听音乐会 ， 不能回家做晚饭 ，她 让 健太做晚饭。健太 做饭做得 不太好，所以 让 咪咪帮他做。

妈妈 回来 的时候，健太 在 看电视。妈妈说："你为什么不写作业？"她 不让 健太看电视， 让 他回自己的房间写作业。

爸爸今天下班以后和同事一起去 喝了几杯 。 回家的路上 ，他给妈妈 买了一盒寿司 ，可是妈妈 不让 他进门。咪咪很着急，因为它 想 吃爸爸 买来 的寿司，可是它 不会 开门，所以对妈妈说："妈妈，您开门 让爸爸进来 吧。"

『新・学漢語2』（日中学院教材研究チーム 編著、白帝社刊）

日本語訳

ミミの1日

パパは毎日とても早く起きて、健太を学校に送る。出かけるときに、ママはパパにゴミを捨てさせる（捨ててもらう）。ミミは、毎日ママと一緒に玄関でパパと健太を見送っている。ミミも健太と一緒に学校に行きたがっている、なぜならミミは『吾輩は猫である』を読みたいから。

ママは今日友達とコンサート（を聞き）に行くことになっているので、家に帰って晩ご飯を作ることができない。（そこで）ママは健太に晩ご飯を作るように言った。健太はご飯を作るのがあまり上手ではないので、ミミに作るのを手伝ってもらう。

ママが帰ったとき、健太はテレビを見ていた。ママは「なぜ宿題をやらないの?」と言って、健太にテレビを見せず、自分の部屋に戻って宿題をするように言った。

パパは今日仕事の後、同僚と一緒に何杯か飲みに行った。帰る途中、パパはママに寿司を1折買った。しかし、ママは家に入れてあげなかった。ミミは大変焦ってしまった。なぜならミミはパパが買ってきた寿司を食べたかったから。でも、ドアを開けられないので、ママに「ママ、ドアを開けて、パパを入れてあげてくださいよ」と言った。

2) 解説

爸爸每天 起得很早	様態補語　動＋"得"＋α
他 要 送健太去学校	能願動詞 "要"
出门 的 时候	動詞が連体修飾語となる　動＋"的"＋名
妈妈 让 爸爸扔垃圾	使役文　A＋"让"＋B＋動＋目
它也 想 和健太一起去学校，因为它 想 看《我是猫》	能願動詞 "想"
妈妈今天 要 和朋友 去听音乐会	
	能願動詞 "要"、連動文　"去"＋(場所)＋動＋目
不能回家做晚饭	能願動詞 "能"、連動文　"回"＋場所＋動＋目
她 让 健太做晚饭	使役文　A＋"让"＋B＋動＋目
健太 做饭做得 不太好，所以 让 咪咪帮他做	様態補語　動＋目＋動＋"得"＋α、
	使役文　A＋"让"＋B＋動＋目

〜以下、省略〜

3) 練習（穴埋め）

　　爸爸每天 ＿＿＿＿＿，他 ＿ 送健太去学校。出门 ＿ 时候，妈妈 ＿ 爸爸扔垃圾。咪咪每天都和妈妈一起在门口送爸爸和健太，它也 ＿ 和健太一起去学校，因为它 ＿ 看《我是猫》。

　　妈妈今天 ＿ 和朋友 ＿＿＿＿＿，＿＿＿＿＿，她 ＿ 健太做晚饭。健太 ＿＿＿＿＿ 不太好，所以 ＿ 咪咪帮他做。

　　妈妈 ＿ 的时候，健太 ＿ 看电视。妈妈说："你为什么不写作业？"她 ＿ 健太看电视，＿ 他回自己的房间写作业。

　　爸爸今天下班以后和同事一起去 ＿＿＿＿＿。＿＿＿＿＿，他给妈妈 ＿＿＿＿＿，可是妈妈 ＿ 他进门。咪咪很着急，因为它 ＿ 吃爸爸 ＿ 的寿司，可是它 ＿ 开门，所以对妈妈说："妈妈，您开门 ＿ 吧。"

4) 練習（質問を作る）

爸爸每天早上忙不忙?　Bàba měitiān zǎoshang máng bu máng?
パパは毎朝忙しいですか。

他要送健太去哪儿?　Tā yào sòng Jiàntài qù nǎr?　彼は健太をどこへ送りますか。

出门的时候，妈妈让爸爸做什么?　Chūmén de shíhou, māma ràng bàba

zuò shénme?　出かけるとき、ママはパパに何をさせますか。

妈妈每天一个人去门口送爸爸吗?　Māma měitiān yí ge rén qù ménkǒu sòng bàba ma?　ママは毎日パパを見送りに一人で玄関まで行きますか。

为什么咪咪也想和健太一起去学校?　Wèi shénme Mīmi yě xiǎng hé Jiàntài yìqǐ qù xuéxiào?　なぜミミも健太と一緒に学校に行きたいのですか。

夏目漱石是谁?　Xiàmù Shùshí shì shéi?　夏目漱石とは誰ですか。

妈妈今天为什么不能做晚饭?　Māma jīntiān wèi shénme bù néng zuò wǎnfàn?　なぜママは今日夕食を作れないのですか。

今天的晚饭谁做呢?　Jīntiān de wǎnfàn shéi zuò ne?　今日の夕食は誰が作りますか。

健太常常做饭吗?　Jiàntài chángcháng zuò fàn ma?　健太はよく料理を作りますか。

健太做饭做得怎么样?　Jiàntài zuò fàn zuòde zěnmeyàng?　健太は料理を作るのはどう（上手）ですか。

〜以下、省略〜

　中・上級では、よく使われる書き言葉、フォーマルな表現にも取り組みましょう。

　例えば「〜だけでなく…も」「〜にかかわらず」「〜上で…（が重要だ）」などを習得して、表現力を高めながら複雑な文が作れるようにしていきます。

　私は慣用句や古風な表現でよく使われるものに注目しています。

　日本語でいえば、初級で「〜しなければならない」を覚えて、中級以上では「〜せざるを得ない」を覚えるみたいな感じで、バージョンアップしていくことを目標にしています。

　佐藤さんって、国語の先生みたい。

　佐藤さんは、前に日本語教師養成講座にも通っていて、今、ボランティアで中国人の友達に日本語を教えていらっしゃるんですよ。

　中国語で**"教学相长** jiàoxué-xiāngzhǎng（教えるのも学ぶのも互いに作用し合い、成長につながる）"と言うんだけど、このやり方はお互いにプラスになりますよ。

　愛凛ちゃんも、学校に中国人の子がいるんじゃない?

中国の子、何人かいますね。来たばかりなのに日本語がとっても上手で、日本語のテキストを暗記して使っているうちに、話せるようになったそうです。

 テキストを丸暗記する作戦、使えそうだね。

講義4　おさえておきたいポイント

中・上級

　勉強が進むにつれて文も複雑になっていきますが、まず基本的な構文を把握し、前後の文との関連をしっかり理解します。そこで、以下の3つのポイントに特に注意しましょう。

●「連体修飾語」"定語"
新同学 xīn tóngxué 新しいクラスメート／**新买的书** xīn mǎi de shū 新たに買った本
●「連用修飾語」"状语"
认真地学习 rènzhēn de xuéxí 真剣に勉強する／**努力地工作** nǔlì de gōngzuò 仕事に励む
●「補語」"补语"
说得很流利 shuōde hěn liúlì 話すのが非常に流暢だ
学得很开心 xuéde hěn kāixīn 学ぶのが大変楽しい（大変楽しく学んでいる）
　この3つの"de"である"**的**""**地**""**得**"がそれぞれ"**定语**""**状语**""**补语**"を表していますね。

　中国語は日本語の文法に似ているところがあるので、日本語と中国語、両言語の文法を対比しながら学ぶのも有効です。また、中国人の友人や留学生に日本語を教えてみるのもよいでしょう。お互い分かりにくいところに注目すると、1つの突破口にもなり得ます。
　例えば、中国語の形容詞には過去形がありません。「うれしい」も「うれしかった」も"**高兴** gāoxìng"です。この点は日本語を学ぶ中国人にとっても、中国語を学ぶ日本人にとっても誤りやすいポイントといえます。また"**他从外面进来** tā cóng wàimian jìnlai（彼は外から入ってくる）""**我想学下去** wǒ

xiǎng xuéxiaqu（私は学んでいきたい）"のような方向補語も、よく似ている表現です。共通点を確認しながら学ぶと効率的で効果的です。

　　僕はやはり体系的にしっかり文法を覚えたいのですが、先生、何かいい本を紹介してくださいますか。

　　日本で出版されている文法書は文法体系がほぼ同じですから、読みやすいと思う本を1冊選べば十分。

　　ただ、説明の仕方、例文も違うので、例文に多く触れたいなら、2冊買って、対比しながら勉強するのも面白いですよ。

　　僕の本棚にも2冊あるんです。全く同じ本なんですけど。

　　一度買ったのを忘れて、もう1冊、買っちゃったとか。

　　まあ、そこは突っ込まないで。保存用にもう1冊あってもいいしね。

　　大好きな漫画を保存用に2冊ずつ買う人がいるみたいですけど、そういう感じですか？

　　それだけ親近感を覚えているってことだよね。じゃあ、僕も本屋に行って2冊買ってくるよ。もちろん、違う本を。

　　愛凛ちゃん、よかったら、その本、あげるよ。先生のおすすめの本で、相原茂先生の『「Why?にこたえるはじめての中国語の文法書』（同学社）。

　　ああ、それ、持っています。

　　……じゃ、僕がもらおうか？

　　あ、ははは。了解です。次回、持ってきます。

おすすめの教材、入門・初級段階の文法項目

◆「中国語文法モジュール」（東京外国語大学）
https://www.coelang.tufs.ac.jp/mt/zh/gmod/
初めて中国語を学ぶ人を対象に、初級レベルで学ぶ文法項目をほぼ網羅。分かりやすい説明と豊富な例文（音声付き）があり、練習問題までそろっている。

◆書籍

『Why?にこたえるはじめての中国語の文法書 新訂版』（相原茂ほか、同学社）

『基礎から発展まで よくわかる中国語文法』（丸尾誠、アスク）

『やさしくくわしい中国語文法の基礎 改訂新版』（守屋宏則ほか、東方書店）

『完全マスター中国語の文法 改訂版』（瀬戸口律子、語研）

『中国語わかる文法』（輿水優ほか、大修館書店）

『話すための思考が身につく！ 中国語文法講義』（林松涛、アスク）

『徹底解説！ 中国語の構文攻略ドリル［改訂版］』（柴森、白水社）

◆入門・初級段階の文法項目

【A】中国語初級段階の文法項目

※『中国語初級段階学習指導ガイドライン（文法項目表・学習語彙表）』から一部抜粋
　中国語教育学会 学力基準プロジェクト委員会、2004年4月〜2007年3月
　https://www.jacle.org/storage/guideline.pdf

1. 字と語
2. 単語と連語
3. 文の成立
4. 文の種類①（構造上の分類）
   単文、複文
5. 文の種類②（肯定文と否定文）
   肯定文、否定文
6. 文の種類③（用法上の分類）
   平叙文、疑問文（当否疑問文、反復疑問文、選択疑問文、省略疑問文、疑問詞疑問文）、反語文、命令文、感嘆文
7. 文の成分
   主語、述語、賓語、述語の構成から見た基本構文（動詞述語文*、形容詞述語文、名詞述語文）、補語（結果補語、方向補語、可能補語、程度補語、数量補語、状態補語）、修飾語
8. 品詞
   名詞、代詞（代名詞）、数詞、量詞（助数詞）、形容詞、動詞、介詞、副詞、接続詞、助詞、感動詞、擬声語

*動詞述語文：
　賓語のない文

賓語のある文→ 動詞"是"を用いる文
　　　　　　　動詞"有"を用いる文
　　　　　　　動詞"在"を用いる文
　　　　　　　助動詞を用いる文

　　　　　　述語の構成が複雑な文
　　　　　　　賓語が2つある文
　　　　　　　賓語に主述連語を用いる文
　　　　　　　述語に主述連語を用いる文
　　　　　　　述語に動詞（句）が連続する文
　　　　　　〔連動文〕
　　　　　　　① 連続する動作、情況
　　　　　　　② 動詞（句）の一方が動作の目的
　　　　　　　③ 前置の動詞（句）が動作の方式
　　　　　　　④ 前置の動詞が"有"(1)
　　　　　　　⑤ 前置の動詞が"有"(2)
　　　　　　　⑥ 前置の動詞が請求、使役などを示す（使動文）

　　　　　　賓語が動作・行為の主体となる文
　　　　　　〔存現文〕
　　　　　　　存在をあらわす文
　　　　　　　出現・消滅をあらわす文

　　　　　　介詞句を連用修飾語とする文
　　　　　　〔処置文〕
　　　　　　　介詞"把"を用いる文
　　　　　　〔受動文〕
　　　　　　　介詞"被"などを用いる文
　　　　　　　介詞"被"などを用いない文
　　　　　　〔比較文〕
　　　　　　　介詞"比"を用いる文
　　　　　　　介詞を用いず動詞"没有"を使う文

【B】中検3級受験までに習得しておきたい文法項目（学習の目安）
※『中検公式ガイドブック準4級・4級』『中検公式ガイドブック3級』から一部抜粋

述語の違いによる文の種類
　　名詞述語文
　　動詞述語文（連動文、二重目的語文、"有"と"在"）
　　形容詞述語文
　　主述述語文
否定の表現
禁止の表現
疑問の表現
　　疑問詞疑問文
　　諾否疑問文
　　反復疑問文
　　選択疑問文
　　省略疑問文
存現文（存在や出現・消失、自然現象の表現）
連動文
"是…的"構文
兼語文
比較の表現
連体修飾語と連用修飾語（"的""地"）
受身文・使役文
"把"構文
疑問代詞の非疑問用法
アスペクトの表現
　　実現・完了
　　過去の経験
　　動作の進行
　　動作・状態の持続
　　近接未来
補語
　　方向補語（単純方向補語、複合方向補語）
　　結果補語

可能補語

様態補語

数量補語

動量補語

離合詞

動詞・形容詞の重ね型

助動詞（可能、義務、必要、意志、願望などの表現、"**能**""**会**""**想**""**要**"など）

量詞（名量詞、動量詞）

介詞（"**和**""**在**""**离**""**从**""**给**""**往**"など）

方位詞

副詞

複文

【C】国際中文教育中文水平等級標準1-4級文法項目の一部

※『国際中国語教育中国語レベル等級基準』（中国教育部中外語言交流合作中心著、古川裕・古川典代訳、アスク）から一部抜粋

品詞

動詞（助動詞、動詞の重ね型、離合詞）

名詞

代詞（疑問代詞、人称代詞、指示代詞および疑問代詞の非疑問用法）

形容詞（形容詞の重ね型）

量詞（名量詞、動量詞、時量詞、量詞の重ね型など）

助詞（構造助詞、アスペクト助詞、語気助詞）

副詞（程度副詞、範囲副詞、時間副詞、頻度・重複副詞、接続副詞、否定副詞など）

介詞

接続詞

文の成分

補語（結果補語、方向補語、状態補語、数量補語、可能補語、程度補語）

文のパターン

文のタイプ（陳述文、疑問文〔諾否疑問文、疑問詞疑問文、選択疑問文、反復疑問文〕、命令文、感嘆文）

特殊な文型（"**是**"構文、"**有**"構文、存現文、連動文、比較文、"**是…的**"文、二重目的語文、"**把**"構文、受動文、兼語文、動詞重複文、主述述語文）

複文（並列複文、承接複文、選択複文、逆接複文、仮定複文、条件複文、因果複文、譲歩複文など）

動作のアスペクト

変化相、完成相、進行相、持続相、経験相

5

読解

入門・初級

最近、中国の小説《鞋匠与市长（靴屋と市長）》（語研）を読んだんですが、すごく面白かったですよ。

最近は推理小説とか、武侠小説*1 とか、面白い翻訳本がいろいろ出版されているみたいですよね。

いやいや、翻訳じゃなくて、原文のほうを読んだんですけどね。

え？　すごいなぁ！　小説を原文で読めるなんて。

もちろん解説や対訳も付いているし、ほら「**泛読（多読・速読）**」*2 のクラスでも習ったみたいにザックリ理解する感じで読んでみたんですよ。

そんな高いところまで行っちゃったんですか。

先生、読解力を付けるには、どうすればいいんでしょう。

まずはテキストの文章を読み、そこで使われている使用頻度の高い単語、表現・文法を確認しましょう。

入門・初級段階では、とにかく反復練習をできるだけ多く行ってください。スポーツ選手が日頃負荷をかけて繰り返し練習することで本番で力が発揮できるように、基本的な文章を繰り返し読んで、リズムに慣れて、読むことが苦にならないようにしましょう。

どんな教材を選んだらよろしいでしょうか。

*1　武術に長け、義理を重んじる主人公を描いた小説
*2　「精読」の反対で、文の大意をつかむことに重点を置いた読み方

入門・初級の読解教材

● 読みやすい文章

1. 「私」の日記風の短い文章

日常生活・ライフスタイル・人間関係、留学・大学生活・会社の日常、友人・親子などの会話

2. 中国に関するもの
　　① 地理、気候風土、観光名所、食文化、地域文化や名産品
　　② 中国文化（祝祭日、年中行事、衣食住）
　　③ 有名作品の平易な部分の抜粋（神話故事、『三国志演義』、『聊斎志異』など）
　　④ 広告、スローガン、キャッチコピー
3　日本に関するもの
　　① 観光地、食文化、年中行事、お土産
　　② 日本文化、マンガ、ゲーム
　　③ 昔話、神話、伝説

初級のテキストには大抵、上記のような文章が出てきます。レベルの合った文章を自力で探すのは簡単ではありませんので、まずはそれらから始めます。余裕があればラジオ講座のテキストや雑誌（『聴く中国語』の初級者向けページなど）を追加するとよいでしょう。

文章を丁寧に読む「精読」にいい文章って、どんなものがあるでしょうか。
　まずはテキストを読み込んでください。単語リストに日本語の注釈もあるので効率よく学べますから。本文に出てきた単語の意味を確認し、できれば覚えて、文法・構文を把握した上で、文章を丁寧に読んでいきましょう。

私は気に入った一文があれば、書きとめたり、繰り返し音読したりして、作文や会話にもつなげて練習するようにしています。

そうですね。意味が分からなかったら、あれこれ悩まず、すぐ日本語を確認したほうがいいですね。
　スポーツで体が反射的に動けるように練習するのと同様、「中国語⇔日本語」の反射的なつながりができれば、余計なことを考える間もなく素早く理解できるようになります。

「体」で覚えるトレーニングを積み重ねるのが大切だって、先生、よくおっしゃっていますよね。

講義1 「精読」の練習方法

　お使いのテキストから中国語の基本的な例文を抜き出し、日本語の訳とともに用意しておきます。そして、中国語を見て、意味を読み取っていきます。この作業を積み重ねながら、正確に理解できる文を徐々に増やしていきます。例文リストに以下のような記入欄を設けて、理解度を記録していくのも1つの方法です。1、2、3、4には「○（理解できた）」「△（一部が分からなかった）」「×（理解できなかった）」を記入します。

中国語	1	2	3	4	日本語
我是日本人。	○	○			私は日本人です。
我在图书馆看书。	△	○			私は図書館で本を読んでいる。

　会話の練習と重なる部分もありますが、ここでは読み取ることに意識を集中して練習してください。ポイントは中国語を読んで、すぐ意味が取れるかどうかです。まずはテキスト1冊を「精読」しましょう。ここには時間をかけてください。

　十分に「精読」ができたら、次の「泛読」へ進みます。ただし、初級のうちは分からないことだらけですから、時間をかけて基本的な文型を「精読」しなければいけません。よく理解できていないのにいきなり「泛読」しようとしても、意味が分からず止まってしまったり、意味不明のまま文字面を追うだけになってしまったりします。まずは時間をかけて一文、一文「精読」することから始めて、基本的な文型がよく理解できたら、「泛読」の練習へ進んでください。

　例文リストは、テキストの例文を使うのがおすすめですが、初級者向けの会話例文集などを使ってもよいでしょう。また、使い方にコツがありますが、ネット辞書も例文の宝庫です。ChatGPTなどAIに例文を作らせるのもいいかもしれません。ただ、不自然な文でないかなど、中国語が分かる人に確認してもらうと間違いないでしょう。

「精読」は、中学校の英語の授業でよくやっていたかな。

　この方法は、多くの日本人にとってなじみがあると思います。

　「精読」の逆が「泛読」になるんですね。

　そうですね。日本では「泛読」のことを、「多読・速読」と言っているようですね。

　「泛読」は、日本の学校ではあまりやってこなかったですね。

　英語だって、一文ずつ重箱の隅をつつくみたいに丁寧に読まされたよね。

　「泛読」っていうのは、そこまで丁寧に読まないで、多読・速読するってことですか?

　そうです。大まかに内容を把握したり、必要な情報を読み取ったり……。

　そういえば、日本語を読むときは、そんなに細かく見ていませんよね。

　そうなんです。外国語を大まかに読み取るっていうのは、最初のうちは慣れないかもしれませんが、必要なスキルなんですよ。

　でも、意味が分からないと不安になっちゃうんですよ〜。

　なかなか先へ進めないと考える人は、日本語対訳の付いている市販の教材がおすすめです。まず2、3回読んで、大意をつかんでみましょう。

　大体の内容が分かっていれば安心して読めそうですね。

　どうしても細かいところが気になる人は、後で同じ材料を使って「精読」に戻っても構いません。

　「泛読」はどういうふうに練習したらいいでしょうか?

　具体的な練習方法を挙げて説明しましょう。

講義2 「泛読(多読・速読)」の練習方法

　「精読」は時間をかけて、隅々まで正確に読む方法でした。一方、多少分からないところがあっても大意をつかむことを目的に「多く、速く読む」方法もあります。この方法を中国では「泛読」と呼び、多くの学校で行われる学習法の1つとなっています。

① 決まった時間の中で、どれぐらい多く読めるか

② 一定の内容を、どれぐらいの速さで読めるか

③ 隅々まで分からなくても、大意が分かれば次へ進んでいいと考え、毎朝

30分など習慣化して取り組む

上記の3つを踏まえて、以下のような練習メニューが考えられます。

① 同じ時間にどれぐらい多く読めるか
　時間を30秒、1分間と決めて、例文リストをいくつ読めるか競う。
② 同じ文章をどのくらい速く読めるか
　あらかじめ読むべき例文の数を決め、かかった時間の短さを競う。

　1人、あるいはペアかグループで競ってもよいでしょう。回数を重ねると必ず、①は読める文の数が増え、②は時間が短縮することになるので、ゲーム感覚で達成感を味わいながら練習できます。

③ 毎朝30分、ルーティーンとして多読・速読に取り組む
　たくさん読むことを目標に、「細かいところが分からなくても」先に進むことで、既習の語彙や表現の定着・強化を図り、読解力のアップにつなげます。

　テキストの本文や学習ポイント（文法などの重要項目の解説）の例文は、格好の素材になります。
　また、「中国語作文」の教材を利用する方法もあります。「作文」の教材は本来、日本語（私は日本人です）を見て、それを中国語（**我是日本人**）に訳すというような練習をしますが、これを逆に行います。つまり、解答（**我是日本人**）のほうを見て、その意味（私は日本人です）を答えるのです。
　初級の段階では、それほど難しい単語や表現は出てこないはずですから、大体理解できることを目標に多読・速読をするようにしてください。もし半分以上、理解できなかったという場合は「精読」に戻って、基礎的な単語や文型を復習する必要があるでしょう。

中・上級

　佐藤さんほどできるわけではないけれど、今市くんよりは多少まし、という私のような学習者はどうしたらいいでしょうか。

　中・上級に上がっていくと、読む内容の難易度を上げたり、文章量を増やしたり、読む速度も上げていくことになりますね。

　難易度といえば、人によって興味・知識の範囲が異なるので、何を難しいと感じるかは人それぞれですね。

　そうですね。一般的な内容から、より詳細で専門的な知識が必要な内容へと進めていくことになりますから。

　それと、筆者がどのようなスタンス（好意的な態度か、批判的な態度か）で述べているか、時に行間を読むようなことも含めて、正確に理解していくことも課題になるでしょう。

　読解はなかなか先へ進まないのが悩みの種なんです。

　もし、ちょっと煮詰まってきたなと感じたら、文章を吸収するという姿勢だけで終わらずに、口頭で文章を要約してアウトプットしてみたり、感想や意見を述べたりする訓練を同時にやってみましょう。

　そうすることで、実は読解の精度が上がるんですよ。ちゃんと理解していないとアウトプットできませんから。分かったつもりになっていないかどうか確認してみてください。

中・上級の読解教材

● 平易に書かれた解説文、論説文

1. 中国の最近の社会現象などを解説した文章
   中級は単行本や新聞の比較的平易な記事などから抜粋し、語彙や文を平易なものに修正したり加工したりしたもの。上級は加工なしの新聞記事や一般書

2. 読みやすい文学作品の抜粋
   中級は中高生向けの作品、平易な文で綴られたエッセイなど。上級は一般の文学作品

3. 日本について書かれた雑誌などの記事
   文化、社会、経済など、中国の視点で紹介・論評されたもの。書かれている

内容の知識があるので、難易度が高めでも読み進めやすい
4. 自分が興味を持ち、知識のある分野の文章
　　雑誌・新聞記事、単行本、パンフレットなど、知りたいと思うものに分かる範囲で挑戦する。上級はあまり知識がない分野についても幅広く接しておくと話題が増えてよい

　中級の読解テキストには、上記のような文章が載っていますので、中級者はまずはそれらに取り組むのがよいでしょう。このレベルのテキストには、生の素材がそのまま、あるいはレベル調整した文章が載っています。生の素材は、日頃から探して積極的に触れましょう。ネット上にもいろいろなものがありますので、自分の好みに合ったものが見つかるはずです。

　小説なんかは登場する視点が複数になったり、時間軸が前後したり、内容も込み入ってくるんですよね。

　初級まではプールで泳いでいる感じでしたけれど、中級からは川や海へ出て、さまざまな内容や視点、書き手のスタンスなどの荒波にもまれることになりますね。

　楽しみのための読書なら気楽に読めると思いますが、気を付けないといけないのは、仕事の判断材料にするために読むような論説文、分析や今後の見通しなどのレポートや記事でしょうか。

　旅行のブログ記事を読んだとき、本当におすすめなのか、皮肉で褒めているけど実はおすすめじゃないのか、分かりにくいことがありました。

　日本語でも「おすすめしないわけではない」のような回りくどい言い方で、ちょっと否定的なニュアンスを出していることがありますよね。中国語も中級以上になると、そういう言い方がいろいろ登場しますよ。

　仕事の参考に見るネットのニュースなんかだと、社会情勢とか、現地の事情がすんなり読み取れなくて困ることもありますよ。

　その社会で常識であるがゆえに、わざわざ書かないことってありますよね。
　例えば、日本の少子化問題に関する文章で、「結婚していない人が増えている」とだけ書かれていたとすると、そこに書かれていなくても、「就職氷河期」「失われた20年」という事情を日本人の読み手は共通知識として持っていたりします。

なるほど。そういう文章を外国の方が読むと、結婚しないのはただ「個人の生き方の問題」とだけ理解してしまう。

お金がなくて結婚どころじゃないっていう事情があったとしても、文章の中に書いてないと分かりませんよね。

中国語の文章であれば、例えば文化大革命の頃に青春時代を過ごした人物の文章を読んだ場合、当時の常識を知らないと誤解することも多々あると思います。まあ、日本人向けなら注意書きが付いたりしますけれど。

確かに当たり前すぎることって、いちいち書かないですもんね。

上級まで行くと、行間を読まなきゃいけないこともあるんでしょうね。

講義3　中・上級の読解

初級ではごく一般的な内容（何かを紹介する文章や短いストーリー）を読みました。平易で論理展開もシンプルですから、素直に読み進められます。

一方、中級以降は意見の対立がある問題について書かれていたり、少し複雑な社会現象が登場したり、前提となる知識がないと分かりにくい文章なども出てきます。その中で筆者のスタンスや主張は何か、一般的な意見とどう違うのかという「対比」があったり、説明のために「比喩」があったり、言葉を別の表現で「言い換え」ていたり、文章の構成もややこしくなったり、表現方法も凝ったものが使われたりします。

日本語の表現を例に説明すると、「〜をやめるべきだ！」といったストレートな主張ではなく、「本当に〜でよいのだろうか？」（反語表現）、「〜にあぜんとした」（否定的なニュアンス）を使うことで筆者の違和感を伝えるなど、表現方法も複雑になります。

文章量も増えてくるので、どこに何が書かれているのか、よくある文章のパターンを知っておくと読みやすくなります。次のようなパターンを考えてみましょう。

・対比
　どちらが好きか？　➡「都会」⇔「田舎」➡ 結論
・疑問・解決
　どうすれば○○か？➡ 提案：根拠1、2 ➡ 結論

・主張

　　○○問題　　　　➡ 事例1、2、3　　　➡ 検証・考察 ➡ 結論

　さまざまな構成があり一概には言えませんが、よくある文章のパターンを把握しておき、その上で目の前の文章の構成に着目すると、長文であっても恐れずに取り組めます。まず結論がどこにあるかを探して結論から読み、次にその根拠がどこにあるかを探し、全体を把握すると効率がよいでしょう。

　効率よく読み取るには、キーワードを押さえておくことです。例えば「対比」を読むヒントとして、**"対** duì（〜に対して）"**"另外** lìngwài（一方）"のような表現を探して読むと、展開が読みやすくなります。また「確かに〜（一般的な意見）である。しかし、（筆者の主張）ではないだろうか」というパターンを知っていれば、そこに筆者の主張があることが分かります。

　複数の文を一気に読み進めないと、話の展開や主張が見えてこない場合があるので、一定の速度で読み進めていくことも大切です。

　また、複数ではなく一文であっても、長い文の場合、どこがどこにかかっているかなどは、文の最後まで読まないと読み誤ることがあります。中・上級の素材は効果を狙った表現技法が使われることも珍しくありません。倒置や省略などには注意が必要でしょう。

　「主語」や「目的語」の省略では、例えば一つの段落の中で「彼」に焦点が当たってストーリーが進んで行く場合、以下のように分かりきっている「彼」や「昼食」は省略されます。

　　例：彼は多忙な生活をしている。（彼は）朝早く家を出て、夜遅くまで休む
　　　　間もない。今日も（彼は）昼間に人と会う約束があり、（昼食を）食べ
　　　　る暇さえなかった。

　これは日本語も同様なので、日本人にとってそれほど違和感はないと思われますが、複数の人物が交錯するようなストーリーや、複数の視点が混在する場合には、同じ「主語」のまとまりを意識して一気に読むほうがよいでしょう。

私の父は以前、上海に駐在していて、私たち家族も一緒にいたんですが、中国語の広告とか、お知らせ、パンフレットみたいなのがたくさんあって、あれが読めたら便利だったんじゃないかなあと思います。

　そうですね。必要な情報だけを速く読み取ることも、ぜひ練習しておきたいですね。

　よく留学生から「メールが来たけれど、これは何ですか」って聞かれるんですよ。日本人なら、パッと見て、通信費の請求書だとか、セールのお知らせだとか、分かりますよね。

　そんな通知、いちいち精読する必要ないですよね。

　必要な通知なら日時や参加方法を読み取ったり、請求書なら期限や支払い方法を見つけたりしなければなりません。決まった書き方やパターンがあるならそれに慣れておくと格段に読み取りが速くなりますから、練習しておくといいですね。

　中国語圏の国に滞在していると想定して、朝の忙しい時間、新聞記事の見出しだけを拾い読みする……みたいな練習はどうでしょう？

　いいですね。飛ばし読みしながら、仕事に関係のありそうな記事がないか探して、ザックリと内容を把握するんです。

　中国のローカルなニュースから注目記事を探してみるのも楽しそう。

　短時間で大体の要点を把握して、もし興味があれば精読に切り替えてじっくり読むのもいいですね。

　中国の楽しいローカルニュースを紹介するブログとか、将来やってみたいかも。

　でも、ちゃんと読めなくて、フェイクニュースを発信しちゃったら危ないよ。

　もちろん、発信する前に力のある方にお願いして確認してもらう必要があると思いますけれど、でも間違いを恐れず、先に進むのが大事ですよ。私もよく間違えますし失敗が多いけれど、前進あるのみです。

　先生がいつもおっしゃっている"**失敗是成功之母**（失敗は成功の母）"ですね。

　まあ、僕らも失敗しながら、先生についていきましょう。

　先生が完璧じゃないからこそ、僕らも安心して先生についていけるね。

　あれ、ついてきてたっけ？

　いるってば。最後尾だけど、しっかりついてきていますから。

リスニング

6

入門・初級

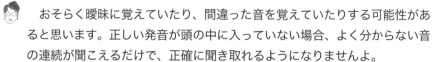

　私は一音一音を正確に聞き取れないし、似たような音を区別できないんです。問題はどこにあるでしょうか。

　おそらく曖昧に覚えていたり、間違った音を覚えていたりする可能性があると思います。正しい発音が頭の中に入っていない場合、よく分からない音の連続が聞こえるだけで、正確に聞き取れるようになりませんよ。

　何かいい方法はないでしょうか。

　徹底的に発音の基礎を固め、よく使われる言葉を正確な音で頭にたたき込んでいくことをおすすめします。音声を繰り返し聞いて、発音もしてみて、まず正しい音のイメージを脳内に深くインプットしたほうがいいですね（発音のトレーニング法は「2. 発音」参照）。

　発音の練習を並行して行うと、それがリスニングもサポートしてくれるんですね……。

　1つの音を発音・リスニングの両面から固めていきましょう。1つの音がしっかり聞き取れないのに、複数の単語から成る文を聞こうとしても混乱するだけですね。

　まず一音ずつ攻略して、次に単語へ行けばいいんでしょうか。

　1つの音が正しく覚えられたら、単語、文というようにだんだん長くし、繰り返し練習して定着させていくといいですよ。

　分かったふりをして、ごまかして先に進むのはよくないんですね。

　そうですね。徹底的に練習して発音が正確にできるようになれば、脳内の「聞き取れる音のリスト」に刻まれ、音が聞こえてきたときにそのリストを正確に参照できるようになります。正しい音がインプットされていないと聞き取るという反応ができません。

　それは、先生がよくおっしゃっている「発音とリスニングは、車の両輪のように互いに支え合う」ということですね。

　発音できれば聞き取れるし、聞き取れれば発音できるってことか。

講義1 リスニング力を高める方法①

●文字に頼り過ぎず、意味を思い浮かべながら聞く

悩 み：聞き取ろうとしても、意味不明な音の羅列にしか聞こえません。

解決法：まずは漢字だけ、ピンインだけ、漢字とピンイン、漢字と声調、
漢字とイラストを見て聞く……というように、音を聞きながら漢字・
意味と結び付ける練習をします。

　　　　例えば「マー（第3声）」という音を繰り返し聞きながら「馬」
の字を見て、そして疾走する野生馬や競走馬のイメージを思い浮
かべます。音を聞いて漢字だけを思い浮かべるのではなく、音と
イメージを結び付ける訓練をしましょう。

　　　　なるべく漢字を「仲介」させず、できるだけ漢字から離れて「音
＝意味」の結び付きを強化することを意識して取り組みます。あ
えてまったく漢字を見ないで訓練するのも1つの方法です。

●同じ文章を繰り返し、分かるまで聞く

悩 み：一語ならば聞き取れますが、文や短い対話になると何を言ってい
るのか聞き取れません。

解決法：「私は（　　）を食べた」「私はりんごを（　　）」のように、文の
一部（　　）を聞き取る「穴埋め式」の聞き取りをしてみましょう。
（　　）の部分に意識を集中して、そこだけを聞き取りますので、
負担が少なくゲーム感覚でできるはずです。（　　）は文を構成
するパーツの1つ。そこを聞き取って文を完成させるイメージで
進めていきます。

　　　　慣れてきたら範囲を広げて、（　　）の部分だけでなく、文の
最初から最後まで、聞こえてくる言葉をすべて書き出してみます。
ピンインと声調が正しく書ければ、その文は完全に聞き取れたこ
とになります。

　ところで、テキストを見ないで音声をどこまで聞き取れるかチャレンジす
ると、大抵、分からないところが出てきます。知らない単語が出てきたり、
知らない単語があるので文全体の意味が把握できなかったり……。分からな

いものは何度聞いても分からないものです。

　自分にとって少し難しいものを聞き取る場合、新出単語の意味などは事前に予習し、日本語訳も確認しておきましょう。意味をしっかり理解した上で何回か音声を聞き、その後、何も見ずに聞いても意味が頭に入ってくるようになれば、それは聞き取れたことになります。

 どれくらいの時間、聞いたら効果があるでしょうか。

 それは多ければ多いほどいいでしょう。

 ちなみに先輩はどのくらいの時間、聞いているんですか。

 僕は、それは、ほら、まあ……できるだけたくさん聞こうと思っているけど……。

 最初は難しくても、20回、30回と聞いているうちに必ず聞き取れるようになりますよ。野球部の部員が毎日ノックを受けたり、キャッチボールを繰り返したり、素振りしたり、バッティング練習したりするように、部活だと思って、ひたすら音声を聞き取る練習をしましょう。

 音を脳内に刻み込むぐらいにやれば、聞いた瞬間、聞き取ろうとしなくても、音が意味となって流れてくる状態になりますよ。

 それって、ネイティブスピーカーみたいじゃないですか……。

 何を聞けばいいでしょうか。

 自分が使ってみようと思える単語や表現が入った音声素材、好きなナレーター・声優さんの録音など、身近なものから始めて、何回も繰り返し聞きましょう。

 私は中国の声優さんが出たNHKラジオ講座の音声を保存して、何回も聞くようにしていますよ。最初は速くて大変でしたが、今は何とか聞き取れるようになりました。

 私は中国のアニメやゲームのセリフを聞くようにしています。面白いですよ。

 たくさん聞きたいとは思っているのですが、忙しくて……。

　散歩や移動中、ちょっとした家事や料理をしているとき、あの手この手を使って聞くことを習慣にするといいですよ。私も毎日聞いています。

　今、"微信 Wēixìn（WeChat）"には音声付きの記事や文学作品などの朗読音声を掲載しているページ（アカウント）がたくさんありますので、好きなジャンルを選んで楽しめば、そのうち必ず聞き取れるようになります。

講義2　リスニング力を高める方法②

●再生速度を変えて聞く

悩　み：速すぎて音がつながって聞こえてしまい、音声の内容を正しく理解できません。

解決法：パソコン、スマホで使える音声再生アプリには速度を変える機能が付いています。再生速度を遅くしたり、速くしたりすることが可能なので、例えばスピードを遅くして「こういう発音をしていたのか！」などと気付きながら聞くこともできます。自分のレベルや素材に対する理解度などを踏まえて、遅く、少し速く、同時通訳のように速く……というように再生速度に変化をつけると、退屈せずに練習ができます。

　　　慣れてきたら、聞くだけでなく、シャドーイングをしてもよいでしょう。シャドーイングをしながら、音のイメージと口の動きを結び付け、聴覚に加えて口の動きのイメージも連係させていくと定着が深まります。

　　　十分に練習した素材を、通常より速いスピードで聞くこともよい訓練になります。ナチュラルスピードに少しずつ慣れていけば、言語処理のスピードが速くなり、実際の会話での反応もよくなり、相乗効果で自然で流暢な中国語を繰り出せるようになっていくでしょう。(p.154 ～／久保さんの1.5倍速練習法参照)

●負担の少ない「身の丈に合った」素材を聞く

悩　み：リスニングに苦手意識があります。一向に聞き取れるようにならず、練習が苦行になっています。

解決法：まず、たった一言で構いませんので、言葉が聞き取れたときの成功体験を思い出してください。そして、リラックスした状態で、絶対に聞き取れると自己暗示をかけてリスニング練習に臨むようにしましょう。

　　　リスニング素材のレベルにも注意が必要です。自分のレベルとかけ離れた教材は選ばず、今の自分の身の丈に合ったものを選びます。自信を付けるために同じ教材を何回も聞く、あるいは日本語訳を事

前に見ておいて、緊張せず、ゆったりと聞くのもいいでしょう。

　苦手意識がある人は、とにかく楽しみながら聞く練習をすることです。そして、聞き取れる喜びを積み重ねていきましょう。

中・上級

　私はリスニングの途中で漢字に置き換えて理解しようとする癖があって、理解の速度が落ちて、途中で音声についていけなくなることがあったんです。でも、テキストを見ないで聞く練習をするようになったおかげで、この前のHSKのリスニングはよくできましたよ。

　そういえば先生は以前、視覚情報を遮断して聞きましょうとおっしゃって、目を閉じさせたり、クラスの全員にアイマスクを付けさせたりする授業をされましたね。

　日本人以外の外国人は、漢字という「杖」が使えないため一生懸命に聞こうとします。でも、日本人は漢字から視覚的に情報を得られるため、耳から情報を得ようとする努力を怠りがちですね。

　できるだけ漢字を見ないで音だけでイメージし、「音」と「意味」がダイレクトに結び付くようにすればいいのです。この練習はもちろん、入門・初級段階から取り入れることをおすすめしますよ。

講義3　リスニング力を高める方法③

●まとまった文章を聞く

悩　み：いくつかの文で構成される段落のような、長めの文章を聞く訓練をしていないためか、分からない単語が出てきた時点でパニックになってしまいます。音声を聞こうという「モード」が止まり、頭が真っ白になって先に進まなくなります。

解決法：文学作品の一節、テレビやラジオのニュース、報道番組の解説、旅行番組など、一定の長さのある文章をあまり区切らずに聞く練習をします。分かりにくい表現がたくさんある場合は適当な分量に分割して、それぞれを繰り返し聞きます。慣れたら少しずつ長

くしていくとよいでしょう。

　まとまりで聞くようにすると、「確かに……（異論を一部認める）……しかし……（自分の主張）……」というような、文章のパターンが見つかるようになります。短く区切って読んでいると、そのような構成が見えないので、大意（筆者の本当に主張したいことは何か）を誤って理解してしまう恐れがあります。

　練習の際には、大意をメモしながら聞き取ってもいいですね。「主張→根拠1→根拠2→具体例1→具体例2→……」というように、話の流れを整理しながらメモをとって聞くと、理解が深まります。

　例えば「単なる〜に過ぎない」「不十分な」「〜かねない」のような否定的な言葉が散見されれば、批判をしているのだろうと推測ができます。どんな単語が使用され、どんな言い回しが出てきたかなどから、総合的に判断でき、全体を理解しやすくなります。

　また、長文のリスニングでは、途中で分からない言葉が出てきても止めずに最後まで聞くほうがよいでしょう。キーワードとなるような重要な語の意味が分からない場合には確認するべきですが、そうでなければ「想像力は創造力」、完璧主義を捨てましょう。

　多少分からなくても先へ進む度胸がついてくれば、多聴ができるようになりますので、音や意味のイメージの蓄積が増えていき、リスニング力が伸びます。軽作業や家事などをしながら音声を聞き流し、中国語環境に浸るのもいいですね。

　以前、語学学校である先生が「ナマリング」の授業をやってくださって、とても面白くて、聞き取れる範囲がだいぶ広くなったような気がします。

　ナマリングって、「生」の聞き取り教材？　それとも「なまり」のある聞き取り教材ですか、面白いネーミングですね。

　それって、駄洒落ではないですか。以前、友達が面白い日本語・中国語の駄洒落の動画を見せてくれたんですよ。

　愛凛ちゃん、「狭い椅子」って、5回言ってみて。

　「狭い椅子」「狭い椅子」「狭い椅子」「狭い椅子」「狭い椅子」。

どういう意味か、分かった？

 "什么意思？Shénme yìsi?（どんな意味?）" !?　ちょっと台湾なまりっぽいけれど、面白いですね。

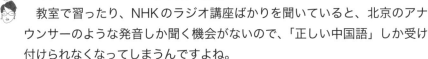 それこそナマリング＋駄洒落の傑作だね。

 教室で習ったり、NHKのラジオ講座ばかりを聞いていると、北京のアナウンサーのような発音しか聞く機会がないので、「正しい中国語」しか受け付けられなくなってしまうんですよね。

 そうそう。でも、現実ではくだけた会話表現や若者言葉、地方なまりの標準語なんかに出くわすから慌てますよね。

そうなんです。アナウンサーの中国語ばかりを聞いていると、「正しい」発音以外は聞き取れなくなってしまう弊害も出てきますね。

そうならないように、「ナマリング」強化法でやればいいんですね。

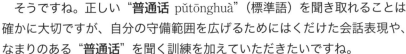 そうですね。正しい"普通话 pǔtōnghuà"（標準語）を聞き取れることは確かに大切ですが、自分の守備範囲を広げるためにはくだけた会話表現や、なまりのある"普通话"を聞く訓練を加えていただきたいですね。

映画やテレビドラマを見れば、怒鳴ったり泣いたり、感情を爆発させたり、はしゃいだりというような、さまざまな感情のこもった表現を聞くことができます。

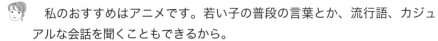 私のおすすめはアニメです。若い子の普段の言葉とか、流行語、カジュアルな会話を聞くこともできるから。

ニュース報道やインタビューにも時々、なまりの強い中国語が出てきますよ。インタビュー番組、報道番組、あるいはネット上の動画などには、さまざまな中国人のインタビューがあり、多様な中国語に触れることができるのでおすすめです。

実際に中国人の友人と生の会話ができれば何よりですが、それができなくても、さまざまな素材に触れることで、自分の守備範囲を大きく広げることができるでしょう。

自分の得意な分野（趣味・話題など）を徹底して深めていくのもよいし、余裕があれば、いろいろな分野の音声を聞いて、引き出しを増やしたいよね。

私、経済とか、そんなに興味がないんですけど、そういう分野についても意識して幅広く触れておくようにすると、応用力が付きそうですね。

この前、中国語で花を生けようという講座に出たんだけど、何もかも初耳って感じで、すごく面白かったですよ。

なんで君が生け花を？

 サークルの女の子が生け花に興味があって、一緒について行ったんで。

 もしかして、中国人の彼女？

 これは中国語で"爱屋及乌 àiwū-jíwū（人を愛するあまり、その人の家の屋根のカラスまでかわいいと思う）"と言いますね。

 "爱……"メモしておいて、使ってみようかな。

入門・初級、中・上級

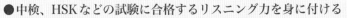
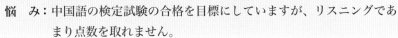

講義4　リスニング力を高める方法④

●中検、HSKなどの試験に合格するリスニング力を身に付ける

悩　み：中国語の検定試験の合格を目標にしていますが、リスニングであまり点数を取れません。

解決法：一定の実力があるのに試験の結果が伸びない場合、試験の出題形式に慣れておらず試験対策が不十分なことが考えられます。こうしたケースでは、試験対策の本1冊を最初から最後まで2～3回しっかり解いて、試験の形式やパターンに慣れることです。そうすれば、実際の試験でも落ち着いて対応できるようになります。

　　　時間を測りながら、本番試験と同じ時間配分で問題を解いてみるのもおすすめです。分からない単語があっても大意の把握に努め、設問に正確に解答できるよう練習しておくのも有効です。

　　　音声を聞く前に「予習」をしないと、何を言っているのか分からなかったり、大意がつかめなかったりするなら実力不足です。その場合は分からないものを何度聞いても仕方がありません。単語や文法などをしっかり学習し、要点が理解できるまで音声を繰り返し聞きます。

　　　内容が聞き取れるようになったら、数日後にまた聞いてみます。これを繰り返して知識を定着させ、徐々に実力を引き上げていけばいいのです。

試験対策としては、過去問題や模擬問題など、できるだけ多くの問題を解

くことです。学習済みのリスニング教材は、移動、家事などの合間に繰り返し聞きます。大事なのは、一度解いた問題でもぼんやりと聞くのではなく、設問の答えをもう一度探すつもりで、内容をしっかり把握しながら聞き取るようにすることです。

　合格を目指している目標級の語彙、表現、文型などが盛り込まれた教材に、できるだけ多く接するようにすれば、やがて合格点に届く実力が付くでしょう。

リスニング力を高める方法　まとめ

　4技能＋α（「聞く」「話す」「読む」「書く」＋「考える」**听说读写＋思**）の中で、リスニングも他の技能と同じように練習が欠かせません。できるだけ練習の回数を増やし、苦手意識がある人は必ず聞き取れるようになるというポジティブな気持ちで取り組むことです。

　リスニング力を高めるには「想像力」もあるとよいでしょう。ここでいう「想像力」とは音とイメージ、音と意味を結び付けるもので、これらが瞬時に結び付くようになるまで練習をこなします。たくさんの音や表現をインプットすれば、それが「創造力」にもつながります。

　とにかく、1回でも多くリスニングの練習ができるように時間をやり繰りしましょう。そして、リスニング練習に慣れてきたら、発音や音読も組み合わせます。発音とリスニングは車の両輪ですので、インプット（リスニング）とアウトプット（発音や音読）を繰り返せば相乗効果で力が付いていきます。

リスニング力を鍛えるのにおすすめのサイトと教材
◆NHKの国際放送
　https://www3.nhk.or.jp/nhkworld/ja/
◆CCTV（CCTV大富）
　http://daifutv.com/j/
◆鳳凰衛視（フェニックステレビ）
　https://www.ifeng.com/
◆東京外国語大学言語モジュール
　https://www.coelang.tufs.ac.jp/mt/zh/

◆その他

BSチャンネルなどで放映されている中国語ドラマ、日本映画の中国語吹替版DVD、YouTubeや**微信**などにある朗読、中国語の小話（**小笑话**）の音声、音声付き書籍・雑誌（日本語訳付き）＝中国や日本の小説・エッセイの中国語朗読本、中検やHSKの過去問・試験対策本、リスニング練習帳、NHK中国語講座のテキスト、『聴く中国語』

7

会話

先日、中国のお客さんにいろいろ聞かれたんですが、うまく会話ができなくて、結局、筆談になっちゃったんですよ……。

ひとまず携帯のアプリか、翻訳機に頼るって手もありますけど……。

でも、やっぱり目の前のお客さんと会話したいんだよ。

会話が苦手な方は多いですね。文法重視の英語教育が影響しているのかもしれません。

以心伝心とか、空気を読むとか、言葉にしなくても察するという面は確かにありますね。

日本人同士なら言わなくても察してくれるでしょうが、異文化の人間同士となると言わないと何も伝わらないですし、察してくれたりはしませんね。

私もちょっと気後れしちゃうんですが、先生、何かいい方法はありますか。

流暢に会話ができることを立派な建物に例えるならば、まずは必要な建築材料を仕入れないとダメですね。

講義1　「材料」の仕入れ（インプット）

入門・初級

基本的な構文を徹底的に覚えて、スラスラ言えるようにする

　この段階では単語やフレーズ、文、表現（例：動詞や形容詞の重ね型、呼応表現など）を十分に仕入れること。単語は発音と意味を正しく覚えて、すぐに言えるようにしましょう。簡単なフレーズや文も同様に、もう飽き飽きしたというくらい練習を徹底してください。発音やリズム、強弱に気を付けながら、何回も繰り返し口にしましょう。

　また、日本語→中国語、中国語→日本語を素早く変換する訓練を重ね、スラスラ言えるようにします。頭で考えながら中国語の文を組み立てるのではなく、条件反射のように瞬時に言えるよう、体で覚えておくほうが実際の場

面で使えます。

　会話ですので、リスニングについても少し触れておきます。聞く材料は、テキスト（中国語学習書）に出てくる例文がよいでしょう。テキストにはよく使う言葉や表現が採用されていますので、それを自分のものにしない手はありません。入門・初級段階では、できるだけたくさん聞いて、中国語の音に慣れ、多くの単語、フレーズ、文の音をインプットすることが重要です。詳しくは「6. リスニング」をご参照ください。

　練習すべき量は人それぞれですが、1つの構文を最低20回以上は口に出して練習しないと定着しにくいと思います。まとまった時間がとれなくても、すきま時間を利用して1語、1フレーズ、1文ごとに練習すればいいのです。

　例えば、付箋などに単語、フレーズ、文を書いて、よく目につく場所に貼っておきます。その場所に関連する内容の付箋を貼るのもいいでしょう。冷蔵庫なら野菜や果物の名前のリスト、あるいは"**冰箱里有什么?** Bīngxiāng li yǒu shénme?（冷蔵庫には何がありますか。）""**冰箱里有〇〇。** Bīngxiāng li yǒu 〇〇.（冷蔵庫には〇〇があります。）""**你想吃什么?** Nǐ xiǎng chī shénme?（あなたは何を食べたいですか。）"のような例文です。近くを通ったり、冷蔵庫を開けたりするたびに、それを見て言うようにします。

中・上級

長い文や会話の音声を聞き、声に出してまねる

　中級・上級段階になると、もう少し長い文、まとまった文章（複数の文から成る段落）などに触れる機会が増えます。気に入った文や会話のやりとりなどの音声を聞いて、そっくり声に出してまねましょう。言える文が増えると自信がつき、会話の楽しさを感じられるようになります。そうすると積極的に話すようになり、話すほどに上達するという好循環に入ります。

　スマホに数行の文、会話のやりとりなどを記したメモを入れておき、ちょっとした空き時間に練習するのもおすすめです。家の中に付箋や紙を貼っておく方法でもよいでしょう。スポーツと同様、練習しないでいきなり試合に出ても勝てません。日頃の練習が大事なのです。

佐藤さんは、中国人に間違えられるぐらい会話ができるんですよね。何かコツみたいなものがあったら、ぜひ聞きたいな。

会話を上達させるには「音読」がいいって教わって以来、ほぼ毎日やってますね。

「音読」はとても有効なトレーニングなので、私もやっていますよ。

先生も？　それなら、私もやってみようかな。

ぜひやってください。音読を行うと、リスニング力もアップするという研究結果があるようです。

音読によって外国語の音に慣れて、リズム、強弱が自然に身に付きますし、何も見ずに暗唱できるようになれば、文の構造も定着して、文法力もアップします。

私も「音読」をやりたいのですが、もう少し具体的なことを教えていただけますか。

講義2　音読で中国語が話せる快感を味わう（アウトプット）

音読は「インプット」したものを定着させるとともに、「アウトプット」することでコミュニケーション力へと昇華できるトレーニング法です。

入門・初級

　入門・初級段階では、テキストをベースに音読を楽しみましょう。その際、自己流にならないように、必ずサンプル音声を聞き、1文ずつそっくりまねするようにします。いくつかの音読のパターンを紹介します。

・**テキストを見て、音声を聞き終わったら、すぐに音読する。1文ずつ行う。**
・**テキストを見て、音声を聞きながら、同時に音読する。1文ずつ行う。**

　2つ目の、音声を聞きながら同時に音読する練習は、ちょっと難しいかもしれません。このやり方に不安がある人は、テレビやラジオの日本語を聞いて、かぶせるように日本語を話してみて、感覚をつかんでみてください。日本語なら簡単にできると思いますので、それに慣れたら、中国語でもやってみましょ

う。これは非常に効果のあるやり方ですのでおすすめです。

中・上級

　中級・上級では、語彙や表現が増えていきますから、好きな内容の文章を選んで音読できます。いろいろな素材をランダムに音読していく中で、お気に入りの表現や文章に出合うこともあるでしょう。

　また、アナウンサー風に読んでみたり、役者のように読んでみたりと、読み方に変化を付けることで、音読の楽しさがさらに広がります。

　音読によってリスニング力もアップし、それは会話力にもストレートに反映されますから、より会話が楽しくなります。音読パターンとしては、初級のやり方に加えて、テキストを見ずに音読する方法にもチャレンジしてみましょう。

・テキストを見て、音声を聞き終わったら、すぐに音読する。
・テキストを見て、音声を聞きながら、同時に音読する。
・テキストを見ないで、音声を聞き終わったら、すぐに音読する。
・テキストを見ないで、音声を追いながら音読する。（シャドーイング）
・音声を聞かないで、テキストを見て音読する。

　最終的なゴールは、文字だけを見て正確に読めるようになることです。ただし、この方法に進む前には十分に、音声を聞いて行う「音読」練習をしてください。

　「音読」も単語を覚えるときと同様に、いかに読む回数を増やすかで成果が変わります。音声の再生速度、あるいは読む速度を変えることで、音読のバリエーションが増えますが、ちょっと変わった方法として、声を出さずに心の中で声を出す「黙読」もあります。

　さらに、音読のバリエーションを増やす方法としては、感情カード（顔文字や表情イラストなどを記したカード）、あるいは「喜んでいる」「悲しんでいる」「元気である」「落ち込んでいる」といった文字カードの使用があります。このようなカードを作っておいて、ランダムに引いたカードに書かれている感情を込めて文を音読するのです。

いろいろな方法で練習してみて、自分に最も合い、効果がある方法を見つけてください。いきなり中国人と会話するのはハードルが高いですから、本番前に会話のリハーサルをたくさんしておきましょう。

音読する場合、発音やリズム、イントネーションに注意し、また、できれば感情移入して読んでみてください。そうすることで、自然な中国語に近づけるでしょう。

私はいろいろな場面に遭遇したことを空想し、シミュレーションして中国語をブツブツとつぶやくのが好きなんです。

スポーツのように、いろいろな場面を想定して、それぞれの状況に対応できるように練習しておくといいですね。

野球だって、素振りを繰り返してフォームを体に覚えさせると、空振りを減らし、ヒットやホームランを打てる可能性が高くなるわけですからね。

語学も野球と同じですか。

僕の中学校の同級生に「集中クラス」に出て、短期間の勉強で話せるようになって、中国語検定試験3級に合格したすごいやつがいるんです。あんなふうになりたいな。

彼もブツブツとつぶやく練習が好きで、かなりの早さで力を付けたようです（p.154〜の久保さんのインタビューを参照）。

私はゲームみたいに成績を表すスコアがあると、やる気が出るんですけど……。

そうですね。自分が何をどれだけやったのか、練習の足跡を確認できるといいですね。練習内容のチェックリストを用意するのはとてもよい考えです。

以前、同学（クラスメート）が作ってくれたものをお見せしましょう。次のようなチェックリストを利用すると達成感を得られますよ。

回数	ゆっくり	正しく	速く	絵を浮かべて	そっくり
1	○	○	○	○	○
2	○	○	○	○	○
3		○			○
4					
5					
6					

　どのポイントを意識して音読に取り込んだかを記録していきます。ポイントは自分自身で意識したいものを複数用意すること。「ゆっくり」と「速い」があるのは、読むスピードを変えるということです。毎回音読が終わったら、該当する欄に「○」を付けます。

回数	黙読	テキストを見て読む	テキストを見ないで読む	声の大きさを変える	感情移入して
1	○	○	○	○	○
2	○	○	○	○	○
3			○	○	○
4			○	○	
5					
6					

　すべてが埋まるまで行ってもいいですし、合計20になるまで、などのルールを決めてもいいでしょう。単調になりがちな音読を、ゲーム感覚で行うための工夫で、少しでも多くこなすことが目的です。

講義3　質問文を作る練習

　会話は言葉のやりとりです。そこで2つの「聞く力」が求められます。1つは相手が言っていることを理解する力、もう1つは質問する力です。

　会話の目的の1つは、相手から必要な情報を引き出すことです。例えば旅行中なら「トラブルの解決方法」「地元の人が知っている情報」などを会話から得られるかどうかは重要ですね。

　実は、授業で「質問文を作りましょう」という課題をたまに出すのですが、

なかなか質問文を作れない人が多いのです。その原因の1つとして、文化的な背景があるかもしれません。

　例えば日本では授業中、あまり積極的に教師に質問をしないですよね。教師の話を黙って聞くということが一般的で、質問することに慣れていないようです。また、日本人は人と距離が近くなりすぎないよう遠慮する傾向があります。あれこれ質問をするとぶしつけではないかと、ためらうこともあるようです。

　そのような文化的背景もあり、外国語教育の中で「質問する」訓練があまりされてこなかったことも、会話力に自信のない一因となっているのではないかと思います。

　一方、中国人同士の会話を聞いたことのある方はお分かりだと思いますが、お互いの距離感が近く、プライバシー"**隐私** yǐnsī"の範囲も日本語とは違い、個人的な情報をオープンにする傾向にあります。質問を互いにぶつけ合って意見交換したり、話し合ったりすることを楽しむのです。中国語の会話が上達するということは、中国人のような会話に対応できるということでもあります。

　では、どうすれば質問ができるようになるのでしょうか。まずおすすめなのは、習った短文で答えられるような、シンプルな質問文をたくさん作ることです。

入門・初級

簡単な例を示しましょう。例えば、以下の例文があるとします。

小李明天想跟朋友去新宿买东西。 Xiǎo-Lǐ míngtiān xiǎng gēn péngyou qù Xīnsù mǎi dōngxi.　李さんは明日友達と新宿へ買い物に行きます。

この例文の内容が答えになるように、以下のような質問をたくさん作ります。

1.　**谁明天想跟朋友去新宿买东西？**　Shéi míngtiān xiǎng gēn péngyou qù Xīnsù mǎi dōngxi?　(誰が明日友達と新宿へ買い物に行きたいのか)

2.　**小李什么时候想跟朋友去新宿买东西？**　Xiǎo-Lǐ shénme shíhou xiǎng

gēn péngyou qù Xīnsù mǎi dōngxi? （李さんはいつ友達と新宿へ買い物に行きたいのか）

3. **小李明天想跟谁去新宿买东西？** Xiǎo-Lǐ míngtiān xiǎng gēn shéi qù Xīnsù mǎi dōngxi? （李さんは明日誰と新宿へ買い物に行きたいのか）

4. **小李明天想跟朋友去哪儿买东西？** Xiǎo-Lǐ míngtiān xiǎng gēn péngyou qù nǎr mǎi dōngxi? （李さんは明日友達とどこへ買い物に行きたいのか）

5. **小李明天想跟朋友去新宿买东西吗？** Xiǎo-Lǐ míngtiān xiǎng gēn péngyou qù Xīnsù mǎi dōngxi ma? （李さんは明日友達と新宿へ買い物に行きたいのか）

6. **小李明天想跟朋友去池袋买东西吗？** Xiǎo-Lǐ míngtiān xiǎng gēn péngyou qù Chídài mǎi dōngxi ma? （李さんは明日友達と池袋へ買い物に行きたいのか）

7. **小李明天想跟朋友去新宿做什么？** Xiǎo-Lǐ míngtiān xiǎng gēn péngyou qù Xīnsù zuò shénme? （李さんは明日友達と新宿へ何をしに行きたいのか）

8. **小李明天想做什么？** Xiǎo-Lǐ míngtiān xiǎng zuò shénme? （李さんは明日何をしたいのか）

9. **小李明天想跟朋友去新宿买什么？** Xiǎo-Lǐ míngtiān xiǎng gēn péngyou qù Xīnsù mǎi shénme? （李さんは明日友達と新宿へ何を買いに行きたいのか）

10. **小刘也跟他们一起去吗？** Xiǎo-Liú yě gēn tāmen yìqǐ qù ma? （劉さんも彼らと一緒に行くのか）

　このような質問を作ることで、正しい文型を習得できますし、たくさん口にしてみることで会話の瞬発力も付いてきます。日頃から、いろいろな質問文を口にしていれば、相手に質問することの心理的なハードルが低くなるでしょう。

　ところで、9、10は例文の内容だけでは答えられない問題で、**"不知道。Bù zhīdào.（分からない。）"**が1つの答えになるでしょう。「何を知らないかを知っている」ことも大切ですね。（**知之为知之，不知为不知，是知也。Zhī zhī wéi zhī zhī, bù zhī wéi bù zhī, shì zhī yě.** 知っていることを知っているとして、知らないことは知らないとする、それは、知っていることである。『論語』）

　中級・上級では、語彙や表現力のストックがありますから、「なぜ」「どのように」を詳しく聞くことができます。また、質問だけにとどまらずに、回答までを含む対話に発展させてみましょう。

　例えば、最近のニュースについて「どう思うか」という質問をしたとします。それに対して、一般的な考えと自分の考えを区別して説明したり、「事実」と「推測」「仮定の話」を区別したり、時系列に沿って事件の詳細を説明したりしてみましょう。上級の場合、質問を重ねて、内容を深掘りできると面白いでしょう。

　質問に答えるために、新たな語彙が必要になったり、もっと別の表現を使いたくなったりするでしょうから、質疑応答をするうちに、言葉の仕入れも加速して、中国語力がパワーアップしていくのを実感できると思います。

　質問を作る際の話題ですが、自分のよく知っていることについて話すといいですね。自分の知っていることについてインタビューされているという場面を設定して、練習してみましょう。

　私の中国人の友達は、日本人の生活、日本文化に大変関心を持っていますので、日本のことについて話すと、私も話しやすいし、みんなも喜んでくれます。

　うちの店に来てくれるお客さんの中には、サブカルチャーにとても興味を持っていて、日本に観光に来たり、留学に来たりしている人が少なくありません。

　そういう中国人に情報を伝えるという設定で、さまざまな話題について説明できるよう練習しておくとよいでしょう。

　でも、日本の魅力について話すっていうのは自慢するようで、ちょっと話しにくいところもあるんですよね。

　外国人を相手に話す場合、謙遜しすぎるのはどうかと思うんです。
　「つまらないものですが……」なんてプレゼントしたら、相手も混乱するでしょうから、堂々と「すごくおいしくて、人気のお菓子です！」って伝えたほうがいいですよ。

　お国自慢は世界中、誰でも当たり前にやるものですから、謙遜したり遠慮

したりせず、堂々と誇りを持って、素晴らしさを伝えてください。

講義4　実践的な疑似会話練習

　例えば、駅前で困っている観光客の絵を用意します。この絵から連想して、簡単な対話を作ってみます。「駅はどこですか？」という質問に、「駅は……です」と答えれば、短い対話になります。この対話をもう少し続けていくと、会話としてふくらませることができます。

　少し長めの会話練習をする場合、「ロールプレイ（役割練習）」や「通訳ごっこ」という方法も有効です。

　英語教育などでも、〈A：道に迷っている人〉〈B：地元の人〉という役割を設定して、自由に会話を作っていく方法がありますが、中国語でもこの練習をすると会話の瞬発力・応用力が付くのでおすすめです。

入門・初級

　入門・初級段階では、主にテキストの本文を再現するような、比較的シンプルなロールプレイカードを作ります。

04

ロールプレイ／設定の例
（かっこ内はやや自由な設定）

A：挨拶する。
B：挨拶する。
A：部屋に案内する。（中へ入るように勧める）
B：感謝の一言。（お礼を言う）
　「これはほんの気持ちだ」と言ってお土産を渡す。（手渡しながら一言）
A：「どうぞお構いなく」と言って受け取る。（感謝し、お土産を受け取る）
　お茶をすすめる。（お茶を差し上げて一言）
B：「本当においしい」と褒める。（一口飲んで感想を言う）

A: **你好！** Nǐ hǎo!
B: **您好！** Nín hǎo!
A: **请进。** Qǐng jìn.
B: **谢谢！** Xièxie!
　　这是一点儿小意思。 Zhè shì yìdiǎnr xiǎoyìsi.
A: **你太客气了。** Nǐ tài kèqi le.
　　请喝茶。 Qǐng hē chá.
B: **真好喝。** Zhēn hǎohē.

　最初は会話文をそっくり再現するように作ってもいいのですが、慣れてきたら自由度を持たせてもよいでしょう。

　中級・上級では会話の内容をふくらませたり、少し複雑な内容にしたりできるほか、状況設定やキャラクター設定などを細かくしたり、追加したりすると、より臨場感のある会話練習ができます。

●状況設定の例
　大好きなアイドルに会った。／初対面の人の隣に座り、話すことになった。／体調が悪く、どんよりした気分で話す。／試験に合格し、明るい気分で話す。
●キャラクター設定の例
　明るく元気なキャラクター／まじめで礼儀正しいキャラクター

　会話は文字面をなぞるだけではなく、感情の込もったものにしなければなりません。普段からこのようなシミュレーションをしておけば、本番でも自然で生き生きした会話ができる可能性が高くなりますね。

　もう1つ留意していただきたいのが文化的な差異です。日本語は頻繁にうなずいたり、「ええ」「はい」「そうですね」のような相づちをよく挟みますが、中国語はそれほど相づちを必要としません。
　また、日本語は「〜していただきたいのですが……」「それはちょっと……」「いろいろありまして……」のように語尾があいまいになる傾向がありますが、最後までハッキリ言うほうが中国語らしい表現になります。ロールプレイでは語尾をハッキリと、距離感を取りすぎず、堂々とした態度になるように意識してください。
　「通訳ごっこ」も瞬発力を鍛えられますので、ご紹介しましょう。ロールプレイと同じく、家を訪れるときの例です。

通訳ごっこの例（設定：中国人学生が日本人の先生のお宅を訪問する）

日本人の先生：いらっしゃい。

通訳　　　　：你好！ Nǐ hǎo!

中国人の学生：**您好！** Nín hǎo!

通訳　　　　：先生、こんにちは！

日本人の先生：さあ、どうぞ入って。

通訳	：请进。Qǐng jìn.
中国人の学生	：谢谢！Xièxie!
通訳	：ありがとうございます。
中国人の学生	：这是一点儿小意思。Zhè shì yìdiǎnr xiǎoyìsi.
通訳	：これはほんの気持ちです。
日本人の先生	：どうぞお構いなく。
通訳	：你太客气了。Nǐ tài kèqi le.
日本人の先生	：お茶をどうぞ。
通訳	：请喝茶。Qǐng hē chá.
中国人の学生	：真好喝。Zhēn hǎohē.
通訳	：本当においしい！

 これは通訳訓練のメソッドの1つですが、同じ"你好"と言っても、2人の関係や場面によって「おはよう」「おはようございます」「こんにちは」のように訳し方が違ってきますので、実践的な訓練になりますよ。

また、笑顔ですすめたり、恐縮して遠慮したりと、お互いの気持ちも伝えなければなりません。言葉のニュアンスにも配慮し、リアルな会話の練習ができます。

 うちのクラスに演劇サークルの子がいて、いつも楽しそうに会話練習をしているんです。前に出て、対話をやってもらうと、すっごくうまくて……。

 いつも前に座っている2人ですね。彼女たちはテキストを台本のつもりで読んでいるみたいですね。

感情移入しながら練習しているので、会話が生き生きしていますね。

 会話って、やっぱり相手があってのコミュニケーションですよね。

私も中国語会話の部活に入ろうかな。そうすれば練習の仲間を作って、お互い切磋琢磨できるかも。

 どうしよう、うちの大学、中国語会話サークルっていうのはないんだけど……。

 1つおすすめの方法があるんですが、携帯のボイスレコーダーにAとBの会話の片方のセリフを自分で録音して、それを聞きながら、もう一方を演じるんですよ。俳優さんも、そういうやり方をしているみたいです。

それなら、音声の再生速度を変えるなどの変化もつけられるし、自分のペースで練習できていいですね（1.5倍速練習法：p.154〜の久保さんのインタビュー参照）。

「ロールプレイ」や「通訳ごっこ」を通じて、ある程度、旅行や買い物などの会話に自信がついたら、勇気を出して、中国人の店員さんや観光客と話してみてください。

中国語を話すサロンや中国人のいるサークルに入ったり、中国旅行に行って武者修行してみるのもいいでしょう。

話す速度が速すぎて聞き取れない場合は、分からないとハッキリ伝える勇気も大事ですね。

よく中国人の先生に言われるんですが、完璧主義をやめて、もっと楽しく、生き生きと会話するといいよって。

失敗も成功に続く道の一部分だから、トライアンドエラーで、どんどん話すようにしたいですね。

---

06 音読用素材

音読練習用の素材です。音声もあります。詳しくは第3章p.140をご覧ください。

学　外语
Xué　wàiyǔ

学　外语　有　很　多　门，从　哪儿　都　可以
Xué　wàiyǔ　yǒu　hěn　duō　mén, cóng　nǎr　dōu　kěyǐ

进来。但　有　没有　捷径？只有　走出去　的　人　才
jìnlai. Dàn　yǒu　méiyǒu　jiéjìng? Zhǐyǒu　zǒuchūqu　de　rén　cái

知道。
zhīdao.

通向　终点　的　路，有　长　有　短，有　宽
Tōngxiàng　zhōngdiǎn　de　lù,　yǒu　cháng　yǒu　duǎn,　yǒu　kuān

有　窄，有　缓　有　急，有　曲　有　直。路上　的
yǒu　zhǎi,　yǒu　huǎn　yǒu　jí,　yǒu　qū　yǒu　zhí. Lùshang　de

辛辛苦苦、　欢欢喜喜，　时时刻刻　陪伴着　你。
xīnxīnkǔkǔ,　huānhuānxǐxǐ,　shíshíkèkè　péibànzhe　nǐ.

　　　　　每　个　学会　外语　的　人　都　有　自己　的　路，
　　　　　Měi　ge　xuéhuì　wàiyǔ　de　rén　dōu　yǒu　zìjǐ　de　lù,

是　靠　辛勤　的　汗水　和　丰富　的　　想像，　　一　步
shì　kào　xīnqín　de　hànshuǐ　hé　fēngfù　de　xiǎngxiàng,　yí　bù

一　步　走出来　的。
yí　bù　zǒuchūlai　de.

日本語訳

外国語を学ぶ

　外国語を学ぶのに、入り口はたくさんあって、どこからでも入ることができる。しかし、近道はあるのか。出ていった人しか分からない。

　終点へ向う道は、長いのもあれば、短いのもあり、広いのもあれば、狭いのもある。緩急があったり、広かったり、狭かったり、道中のつらさ、楽しさが常にあなたのお供となってつき従う。

　外国語をものにした人は、みな自分の道を持っている。その道は、努力の汗と豊かな想像（創造）で、一歩一歩歩いてできたものである。

8

書く

　話すときは相手の表情や反応を見て、その場で言い直したりできるけど、書くのは難しいですね。

　先日、中国のクライアントにお礼の手紙を書くのに、すごく時間がかかりました。

　佐藤さんでも、そう思うんだね。僕も苦手なんだよ……。

　日本語で書く機会もあまりないから、仕方ないですよ。

　この前、就職のための志望理由書を書くのに本当に苦労しちゃいました。

　確かに、母語である日本語でさえ書く機会が少なくなりましたね。

　中国では、学校で頻繁に作文を書かされるそうですが、日本で作文といえば、夏休みの読書感想文くらい。

　あとは試験対策用の小論文でしょうか……。

　「書く」といえば、メールやLINEのメッセージですね。

　書くより打つという感じで……。できるだけ短く書くようにしているし……。

　絵文字やスタンプも混ざっているでしょう？

　先日、娘から来たメッセージはほとんど暗号みたいで、解読するのに苦労しましたよ。

　中国語って絵文字を使うんですか？

　世代差があると思いますね。若い世代は使いますが、日本人の若者と同じぐらいかなと思います。

　先生が習い始めたときには、どんなふうに書く練習をされたんですか。

　まず、できるだけ漢字を書くことに慣れていくようにしました。

　ディクテーションをして、聞き取ったことを正確に書けるよう、とにかくたくさん書きましたよ。気に入った文章の一部を写したり……。

　そういえば、僕はたまに写経をするんですが、そういう感じでしょうか？

　どうなんでしょう……。私のやり方はもっと気楽に、ちょっとした時間に書き写して、文章のリズムやパターンを吸収するというか……。

　テキストの会話文や例文、あるいは気に入った文章を書き写してみるん

です。

　書道や生け花で、先人や先生が書かれた書や生け花の型をまねしながら学んでいくような感じでしょうか。

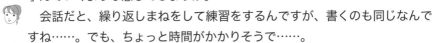

　会話だと、繰り返しまねをして練習をするんですが、書くのも同じなんですね……。でも、ちょっと時間がかかりそうで……。

　「急がば回れ」で、かけた時間の分だけ、知らず知らずに身に付きますよ。だまされたと思って、一度やってみてください。

　ただ、テレビを見ながらはダメです。書き写すことに集中する必要があります。

　音楽を聞きながらでもいいんですか?

　歌詞がなくて、文字を追うのに邪魔にならないものならいいと思います。

　私も入門・初級段階では、型に従って正確に書くほうがいいと思います。自分で文を作ると、間違えてしまう可能性が高いんですよね。

　書き写すということは、中国語の自然な発想をインプットすることですから、初級の段階では日本語の発想でオリジナルの文を作るより、中国語の正しい文を吸収することに専念したほうがいいでしょう。

　確かに書き写すだけなら間違う心配もないし、添削をしてもらう必要もありませんから気楽にできますね。

　書くときに、声に出してブツブツ言いながら書くのもおすすめです。聴覚、発音する感覚、語感をフル活用して練習すると、上達が早まります。

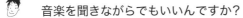

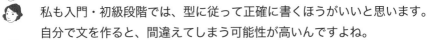

講義1　入門・初級段階の作文

　「書く」と「話す」は、伝えたい内容を形(文など)にするところが共通します。多くは相手がいますので、その相手に伝えたい内容を理解してもらうことが重要です。形にする、つまり文を作ることに関しては「7. 会話」で説明をしていますので省略します。

　ここではいくつかのトレーニング法をご紹介します。

1) 文章を書き写す

　漢字を書くことに慣れるために、まずは文章を書き写すことから始めます。

2)「借文」

　この段階の作文は「借文」がおすすめ。「借文」は例文の形を借りて、その一部を替えていく練習法です。テキストの本文や文法解説などの例文を書き写すことから始め、その例文をまねしながら、一部を替えてシンプルな文をたくさん作ります（「4. 文法」の学習法「借文練習」を参照）。

3) 日本語→中国語に訳して書く①

　基本文型を押さえながら、日本語を見て中国語に訳す訓練をします。普段使っているテキストの本文や例文などを活用しましょう。

4) 身近なことを書く

　中国語を独学していて、間違いを指摘してくれる人がそばにいない場合は、最初はお手本の中国語をまねして文を作るところから始めるとよいでしょう。自己紹介は、中国語を実際に使う場面でそのまま使えるので、あらかじめ準備しておくと役立ちます。

●自己紹介

　"我是日本人，我的爱好是看书，请多多关照。Wǒ shì Rìběnrén, wǒ de àihào shì kàn shū, qǐng duōduō guānzhào. (私は日本人です、趣味は読書です、よろしくお願いします。)"から始めて、出身地、住んでいる場所、学生なら学校について、会社員なら会社について紹介します。また、趣味・特技、日常生活のスケジュール、休日の過ごし方など、少しずつ内容を増やしていくとよいでしょう。

5) 実用的な作文に挑戦

　以下のような、実際に誰かに送る文章を書きます。友人からの手紙やメールなどをまねして書くとよいでしょう。

　① SNSのメッセージ、メールなど（友人などに向けた平易な短文）
　② 感謝状・招待状など（何かに感謝したり、何かに誘ったりするカジュアルなもの。自分の気持ちや開催日時・場所などを伝える）

6) 絵・写真などを見てイメージしたことを書く

　「借文」のように、習った表現やパターンをまねしながら、間違いを恐れず、どんどん書いていくことをおすすめします。中国人の友人、中国語を学んでいる中・上級者にたまにチェックしてもらうと、より自信を持って書けるようになります。

7) 日本語→中国語に訳して書く②

　市販の作文のテキストがよいのですが、ポイントは自然な日本語で書かれたものを選ぶこと。直訳風の日本語、自分の言語感覚に合わないものは、意欲の低下につながります。ここでは、「自然な日本語⇔自然な中国語」を意識して取り組みましょう。

8) 検定試験の問題集を活用

　中国語の検定試験の過去問題あるいは対策本の練習問題も、書くトレーニングに使えます。問題集は級別になっているので、自分のレベルに合ったものを選びましょう。日本語を中国語に訳す問題だけでなく、読解、聴解などの問題も練習に使えます。

9) 日記・三行日記

　日常生活で出合ったこと、関心のあることなどを中国語でつづります。これまでに覚えた表現を思い出しながら、誰かに伝えるように書けば楽しくなります。

　日々の暮らしの中からワンシーンを切り取り、日本語の俳句の五七五のリズムで書く「五七五・三行日記」がおすすめ。季語も切れ字も気にせず、五七五で遊んでみましょう。時に川柳のようにユーモラスに、時に子どものように、その時々の心の向くまま、気ままにつぶやいてみてください。

我是日本人 wǒ shì Rìběnrén　私は日本人
我很喜欢打网球 wǒ hěn xǐhuan dǎ wǎngqiú　テニスをするのが好き
请多多关照 qǐng duōduō guānzhào　どうぞよろしく

今天星期一 jīntiān xīngqīyī　今日は月曜日
因为昨天星期天 yīnwèi zuótiān xīngqītiān
　　　　　　　　　　なぜなら昨日は日曜日だったから
明天星期几 míngtiān xīngqījǐ　明日は何曜日？

我喜欢被子 wǒ xǐhuan bèizi　私は布団が好き
被子可以抱着我 bèizi kěyǐ bàozhe wǒ　布団は私を抱くことができる
想嫁给被子 xiǎng jiàgěi bèizi　布団と結婚したい（永田梨々花さん作）

10) 面白い言葉や表現をメモする
　ポケットにメモ帳を入れておき、何か面白い言葉や表現を見つけたら書き留めます。書き留めておいたものは、「書く」あるいは「話す」ための材料になります。日々、ネタを仕入れるように心がけると、語彙や表現がどんどん増えていきます。

　　　ある本で読んだのですが、耳で聞いて覚える人と、手で書いて覚える人がいるそうです。自分はどうも書いて覚えるタイプのようです。
　　　確かに、それぞれの得意・不得意によって覚え方も違うでしょうね。
　　　でも、自分はこうだと決めつけずに、これまであまり取り組んでこなかった方法も試してみるといいですよ。
　　　普段やらないことをやってみると、脳の刺激になっていいって言いますよね。
　　　それって、ボケ防止ってことかな？
　　　いやいや、僕だって脳を鍛えたいんですよ。
　　　でも、年齢に関係なく試してみるって、大事だと思います。
　　　書くのって面倒だなと思っていましたけど、かわいいノートを買って、きれいな色のペンでちょっと書いてみようかな……。
　　　書くと証拠が残りますので、文法の確認にもよいかもしれませんしね。
　　　僕は書いて覚えるだけじゃなくて、自分の思うことを作文に書いてみたいと思うんです。
　　　ただ、正しく書けているかどうか分からないので、これでいいのかな、た

ぶん違うんじゃないか……となって暗中模索というか……。

　不安のある方は「借文」がおすすめですね。

　単語レベルの言い換えなので、基本的なパターンさえ押さえていれば、ほぼ間違う心配がありませんから。

　でも、テキストとか、わりとまじめな文章が多いじゃないですか。

　なんか自分にピタッと来ないというか、もうちょっと自由に書いてみたい場合はどうしたらいいんですか?

　もう1つのやり方は、知り合いや先輩、先生に書いたものを見せてチェックしていただくことですね。

　細かいところはさておき、通じないとか、文法的にダメだというところだけ、チェックしてもらうとよいでしょう。

　私はあまり気楽にチェックをお願いできる人がいないので、作文練習用の教材を使ってコツコツやっています。

　ああ、でも、それって危なくないですか?

　この前、中国の留学生に日本語の手紙の書き方の本を紹介してあげたんです。

　ところが、彼の書いた手紙ときたら、敬語がすごくて、妙に堅苦しいというか……お年寄りが書いたみたいな感じで……。

　え?　そうなんですか……。私、なんだか心配になってきました。

　中国語もそういう違いって、すごくあるんですか?

　中国語は、日本語のような体系的な敬語のシステムではないので、相手が誰でも、例えば"去（行く）"と言って構いません。

　「食べて!」を「どうぞお召し上がりください」と言い換えるような大きな違いはないと思いますので安心してください。

　でも、書き言葉とか、文体の違いっていうのは、あるんじゃないですか?

　そうですね。文体の違いはあります。

　簡潔な文章もあれば、品格のある文学的な印象を与える文章もあります。

　まずは、簡潔で分かりやすい文が書ければ十分じゃないでしょうか。

　そうですね。「5. 読解」のところで書いたように「多読・速読」をして、目標とする文章にできるだけ慣れていくといいでしょうね。

講義2　中・上級段階の作文

　講義1で、入門・初級段階の練習法をいくつかご紹介しました。中・上級でも引き続き取り組めるものが少なくありません。その中から、ご自分に合った練習法が見つかったら、練習素材のレベルを変えて、同じ練習方法を継続してみるとよいでしょう。

　ここでは、作文のテーマや内容などを中・上級向けに変えたものと、別の練習方法をご紹介します。

1) ディクテーション：複雑な長文を聞き取り、書けるようにする

　ディクテーションは、中国語を聞き取って書くトレーニングで、リスニング力を鍛えるものですが、これは「聞く」だけでなく、「書く」練習にも採り入れることができます。

　漢字を書く練習になる以外にも、さまざまな効果があります。例えば音声を聞きますので、文のリズムやパターンなどに意識が向きます。それが文の構造を把握すること、そして文を作る力を養うことにも結び付くのです。

　最近はさまざまな教材に音声が付いているので、関心のある分野の内容を扱っているもの、レベルが合っているものなどを使って、ディクテーション練習を採り入れてみましょう。

2) 難易度の高い作文に取り組む

　難易度の高い文型を使った文をたくさん作ります。加えて、書き言葉、硬い表現、四字熟語などが使えるようになることを目指して作文練習をします。

3) 実用的な作文に挑戦（中・上級編）

　SNSのメッセージやメールなどで、賛否両論、意見の分かれる問題について、誤解を与えず、相手に自分の意思が伝わりやすいコメントを書きます。

4) 仕事に関するメール・文書を書く

　例えば面会の依頼・時間の変更や延期・確認、条件交渉、提案、費用の請求、お詫びなど、仕事上のメールや文書を作成します。

5) さまざまな活動

以下のようなテーマ、課題などを設定して作文に取り組みます。

・趣味：① テーマ「旅行」→観光地、地域の文化、レストラン、旅館

　　　　② テーマ「料理」→レシピ、素材、調味料、作り方、食器

・意見・主張：① 困っていることを訴える（例：子どもが保育園に入れない）

　　　　　　　② さまざまな経験に基づき、意見を述べる（感謝・不満）

　　　　　　　③ 誤解を解く、反論する、説得する……などなど

・日々の雑記など：日記・三行日記を書く

先週、中国語弁論大会に参加したんです。

先生に「話すように書く」ことをすすめられて、普段の感じで書いてみたら、審査委員の先生から「高校生らしい、生き生きとした文章ですね」と褒められて、すごくうれしかったです。

「話すように書く」も1つの書き方ですね。

特に弁論大会のように聴衆に話して聞かせる場面では、良い方法だと思います。

でも、話すときと書くときでは、違いがあるように思うんです。

中国の友人の手紙には、四字熟語やことわざがわりと頻繁に登場するんですよ。

日本人と比べると、成語やことわざを使う頻度が高いかもしれませんね。

うまく使うと、文章がすごく締まるんですよ。

説得力が増しますし、場合によっては書き手の教養を感じさせたり……。

ぜひ、そのレベルまで行きたいですね……。

うーん……まあ、そういう裏技的なことは、僕にはまだ無縁だから、手近なところから始めないといけないかな。

先輩はまず、ノートを買うところから始めてくださいね。

うん、まずはノートを買って……って、いやいや、ノートぐらいあるから。

「聞く、話す、読む、書く」は言語の4技能ですね。

これまで、それぞれの学び方について紹介してきました。

「聞く、読む」はインプット、「話す、書く」はアウトプットですね。

今までの語学教育はどちらかというと「読む」に偏っていて、「話す」にはあまり力を入れていなかったような気がします。

最近はコミュニケーションが大切だといわれているみたいで、会話重視の授業も増えてきたんじゃないでしょうか。

話すのはまだしも、書くのは苦手だなぁ。漢字もすぐ忘れちゃうし。

今市くんはそもそも、日本語の漢字もあまり書けないんじゃないの？

この前、胡先生がね、今市くんからのハガキに「故先生」って書いてあったって……。

胡先生に申し訳ないことをしちゃいました。

でも、胡先生は、「故人」「故友」には「古い友人」という意味があるので、まあいいかって。

胡先生、気を使ってフォローしてくださったんだと思うけど……。

4技能の話に戻りますけれど、私は4技能に"思"、つまり"思（考える）"を入れたらどうかなと思っているんですよ。

先生から"**听说读写思**（聞く、話す、読む、書く、考える）"のお話をうかがったとき、とても面白いと思いました。本当にそのとおりだと思います。

僕は4技能どころか、2技能でも精一杯なので、これ以上増やさないでくださいよ。

そんなに難しく考えなくてもいいんですよ。

例えば、外国語を習って使うのは、自分の気持ちを伝えるためですよね。

コミュニケーションのためですね。

そのとき、どんなふうに伝えたらいいのか考えますよね。それも"思"の実践ですよ。

「本当においしいですね」という気持ちをより正確に相手に伝えるために、どんな表現を選ぶべきかを考えたりするでしょう。

　そういえば、最初の授業で"你好"を訳すとき、「おはよう」「おはようございます」「こんにちは」「こんばんは」、あるいはうちの学校のあいさつのように「ごきげんよう」……いろいろとありますけど、どのあいさつが文脈に合うかを考えなきゃいけないって……。

　そうですね。会話をするとき、相手との関係を考えながら、ふさわしい言い方は何か、一番いい伝え方は何かを考えますよね、それも1つの"思"ですね。

　そういえば、最初に習ったとき、うっかり「私」と「あなた」を間違えて、"我是谁? wǒ shì shéi? (私は誰?)""我在哪儿? wǒ zài nǎr? (私はどこ?)""我去哪儿? wǒ qù nǎr? (私はどこへ行く?)"なんて言っちゃったんだ。

　そうしたら先生は「哲学的な問いですね」「簡単な外国語ですが、哲学的なことも言えますよね」みたいなことを言ってくださったんだよね。

　今、考えると、そういうような懐の広い対応も"思"の1つかな。

　確かに。"我思故我在 wǒ sī gù wǒ zài (われ思う、ゆえにわれあり)"という言葉がありますからね。

　考えるっていえば、日本語と中国語の違いをちゃんと考えていないと、間違いやすいって思いました。

　飛行機で飲み物をもらったとき、「あ、すみません!」と軽くお礼を言おうとして、うっかり"对不起。Duìbuqǐ."って言ったら、中国人のキャビンアテンダントさんにびっくりされちゃって……。

　日本語の「すみません」は感謝と謝罪どちらもOKですけど、中国語の"对不起"は謝罪だけなんですよね。

　そういえば、中国の人に聞かれたんですよ。中国語の"再见"は「また会おうね」という意味。じゃあ、「さようなら」はなぜ「さようなら」なのかって。こういうのって、今まで考えたこともなかったですね。

　外国語を習うって、自分の言語や文化をあらためて考えるきっかけになりますね。

　ちょっとしたことでも"思"を大切にするといいと思います。例えば、より中国語らしく発音するためには、大きな声をどう出したらよいのか、なぜ中国人は声が大きいのか。逆に、日本人はなぜ声が小さいといわれるのか……。

　そういえば、先生に「アイヌ民族がいるなら、君たちは何族?」と聞かれたときには本当に困ってしまったよ。日本人は何民族かなんて考えたことが

ないし。民族って、何なんだろうね……。

　常に疑問を持ったり、常識を疑ったりすることはとても大切ですね。

　外国語を習うときには、いつも"思"しながら、言葉と向き合っていくと、興味の範囲も広がって、たくさんのことを学べますよね。

　そうですね。いろいろな学習法を先生に教わりましたが、この"思"を含めた5技能を磨いて、もっともっと上手になりたいですね。

　なるほど〜。外国語を学ぶって、なかなか奥深いんですね。

　そういえば、大学生訪中団の募集があったから、申し込んでみようかな。

　どんどん日本を出て、見聞を広めるといいですよ。

　来月、国際交流基金の主催で中国の学生と一緒に日本文化の生け花を学ぶイベントがあるんです。どうすれば交流を深めることができるか考えてみたいですね。

　そうそう、外国語を習う目的はただ相手の文化を習うだけではありません。外国語を通して自分の文化を発信するのも、大きな役割の1つですよ。

　ぜひ、日本の魅力を中国の人々、そして世界中に伝えてください。

　そう考えながら、一緒にがんばりましょう。

考えてみよう

●なんのために外国語を習うのか／習っているのか

_____

_____

_____

_____

●どこをゴールにしたいか

_____

_____

_____

_____

●そこ(ゴール)に到達するためにどうしたらいいか

_____

_____

_____

_____

●「中国語」の呼び方

　中国は56の民族から成る多民族国家で、多様な言語や文化があります。総人口の約9割を占めるのが漢族で、この漢族が使用している言語を中国では「漢語」と呼んでいます。

　漢族の話す言葉には「北京語」「上海語」「広東語」など、さまざまな方言があります。それらは互いに通じにくいため、政府は1955年に「普通話」という標準語を定めました。

　「普通話」は北京語の音を標準音とし、北方語の語彙を基礎としています。その文法は、近代以降の会話体で書かれた代表的な文学作品に見られる用法を基準としています。この「共通語」を身に付ければ、中国大陸だけではなく、香港、台湾、海外の華僑、中国系の人々とコミュニケーションを取ることができます。ちなみに、中国系の人を「華人」と言うことがあり、「華人」の使用する言葉ということから、中国語は「華語」と呼ばれることもあります。

　ところで、「北京語を習っている」という言い方は正確ではありません。「北京語」はあくまでも一地方の言葉であり、標準語ではないからです。日本語学習者が「江戸弁（方言）」を習っているとは言わないように、「北京語」を習っているとは言いません。

●中国語を学ぶ場

　日本の大学では、第二外国語として中国語を学べるところが少なくありません。大学によってカリキュラムは異なるので一様ではありませんが、週2コマ2年間で、中国語検定試験3級（HSK4級相当）の力を身に付けることを1つの目標にしている大学が多いようです。

　高校でも第二外国語として中国語を学べるところがあります。高校における中国語などの学習の指針となる「外国語学習のめやす」（国際文化フォーラム）が2012年に作られました。

　社会人向けには、日中学院、東亜学院などの老舗をはじめとする語学学校、カルチャースクール、町の中国語教室など、中国語を学べる場はさまざまです。授

業形態も、対面だけでなく、オンライン授業も一般的になってきました。さらに、中国語を独学する人にとっては、市販の書籍、テレビやラジオの講座、アプリやネット上のコンテンツなど、利用できる教材の選択肢が幅広くなってきています。

　学習者の立場では気付きにくいですが、より良い中国語教育を提供するため、教師・関係者が最新の研究成果を共有したり、意見交換したりしている場があります。その1つが中国語教育学会や日本中国語学会、高等学校中国語教育研究会などで、活動目的はさまざまですが、そうした組織が中国語教育を支えているといえるでしょう。

●中国語とはどんな言語?

◆活用について

　中国語には語形変化がありません。活用がないため、主語が何であれ、単数でも複数でも、1人称でも3人称でも、時制が変わっても、例えば動詞"去"(行く)は常に"去"であり、"去"は変化しません。

　一方、日本語は「行く」であれば「行か／行き／行く／行く／行け／行け」のように変化するので、動詞の種類、活用を覚える必要があります。英語もまた、単数・複数、人称や時制によって「go」「goes」「went」「gone」のように同じ動詞が変化するので、それらをすべて覚えなければなりません。この点では、中国語は非常に覚えやすく、使いやすい言語とも言えるでしょう。

◆助詞・語順について

　中国語にも助詞(日本語では「て・に・を・は」や「ね・よ」など)はありますが、主語や目的語を表すのに「は・が・を」は使わず、語順で表現します。つまり、「主語・動詞・目的語」の順番に並べるだけでよいのです。例えば「私は・本を・買う」は"我 wǒ (私)・买 mǎi (買う)・书 shū (本)"となります。日本人は「主語・動詞・目的語」という語順の感覚に慣れていませんので、中国語の語順で瞬時に発話できるようになるまでには一般的に時間がかかるでしょう。

　また、前置詞"在"(〜に／で)、"和／跟"(〜と)、"从"(〜から)などは、日本語に似ている部分もありますが、"在＋場所"(「場所」にいる(ある))、"从＋場所"(「場所」から)というように語順が違います。否定を表す場合も同様で、中国語は動詞の前に"不"という否定の副詞を置きます。「行か・ない」は中国語では"不・去"の順番になります。中国語の正しい語順のルールをしっかり把握しておくことは、文章を正確に読み取ったり、リスニング、会話などさまざまな

言語活動を行ったりする土台となります。

●中国語力を測る２つの試験

　中検とHSKは、日本で実施されている代表的な中国語試験です。２つの試験の概要をまとめておきます。

◆中国語検定試験（中検）

http://www.chuken.gr.jp/

　1981年に第1回試験を実施し、累計受験者数は120万人を超えます。主催は一般財団法人日本中国語検定協会です。

　受験資格に制限はありませんが、主な対象は日本語を母語とする中国語学習者。漢字文化圏に属する日本には中国語の「読解能力」を高める漢字・漢語語彙がすでに存在し、幼時から漢字に親しんでいる日本人にとって、この知識は重要な役割を果たします。中検はこれらを前提として出題し、運用能力を判定します。

　外国語学習では「読む」「聞く」「話す」「書く」の４技能の習得が求められますが、外国語の運用には、実は４技能に加えて、母語と外国語との関係を処理する能力、つまり「訳す」能力を必要とします。学習者の外国語能力をより正確に測るため、中検はこの「訳す」能力までを重視します。

　学習レベルに応じて６つの級を設定。準４級、４級、３級、２級、準１級、１級に分かれ、１級が最上級です。すべての級にリスニング試験と筆記試験があり、その中で中国語→日本語、日本語→中国語への翻訳も出題されます。また、準１級・１級には二次試験（面接試験）があります。１級合格者は国家試験「全国通訳案内士試験」（観光庁主催）の外国語筆記試験が免除されます。

◆HSK（漢語水平考試）

https://www.hskj.jp/

　1990年に中国で実施が始まり、現在は世界162カ国・地域で実施されています。中国教育部（日本の文部科学省に相当）の直属機関である中外語言交流合作中心が主催し、中国政府が認定する試験です。

　中国語を母語としない学習者が対象。単なる言語知識の測定ではなく、中国語のコミュニケーション能力を測定・評価するのが特徴です。実際のコミュニケーション場面に即した会話形式の問題が出題され、リスニング、スピーキング能力の測定に重点を置いた試験になっています。

　「筆記」のレベルは1級から6級までの6段階に分かれ、6級が最上級。試験はリスニング、読解、作文の3つのパートから成ります。HSK6級180点以上のスコア取得者は、国家試験「全国通訳案内士試験」の外国語筆記試験が免除されます。また、中国の大学に留学する際、外国人留学生はHSKの一定のスコアを求められます。

　「筆記」のほかに、「口頭試験」(HSKK)というスピーキング試験が別建てで用意されています。録音方式のテストで、初級、中級、高級の3つのレベルに分かれます。いずれのレベルも3つのパートから成り、パートの内容はレベルによって異なりますが、復唱、要約、聴き取り、読み取りなどがあります。

　なお、6級より上の7〜9級を設けるなどの改訂が予定されています。

中検とCEFRの相関関係、HSKとCEFRの相関関係

中検	CEFR
1級	C2
準1級	C1
2級	
	B2
3級	B1
4級	A2
準4級	A1

HSK	CEFR
6級	C2
5級	C1
4級	B2
3級	B1
2級	A2
1級	A1

中検、HSK (HSK日本実施委員会) の公式ウェブサイトより

第2章

中国語で楽しむ

中国語ができると、楽しめる世界が
一気に広がります。上級者でなくて
も大丈夫、レベルに応じた楽しみ方
があります。興味のあるものを存分
に楽しみながら、中国語も学んでい
きましょう。

1 中国発のコンテンツ

中国語のドラマやアニメ、カラオケなど、世界が注目する中国発のコンテンツで、楽しみながら語学力アップを目指しましょう。

時代劇（ドラマ、映画、小説）

　4000年の歴史を誇る中国の時代劇はスケールが大きく、ドラマチック。中国国内だけでなく、最近は日本でも中国時代劇のドラマや映画が注目を集めています。幻想的な衣装や時代背景、男同士の深い関係性を描く「ブロマンス」など、中国独特の耽美な世界観が多くのファンを引き付け、一度見始めるとやめられないといわれるほどです。

　時代劇には現在は使われていない古い言葉が出てくることがあるため、中国語の教材としては難易度が高いですが、作品の面白さを堪能しながら、歴史的背景や人々の価値観、ものの考え方など、深いレベルで中国を知り、語学を学べるというメリットがあります。当時の衣服や生活シーンなど、作品に描かれたさまざまな側面を見て理解が深まることも多いはずです。

　学びの一番の近道は、作品を好きになること。ファンになればなるほど効果も期待できます。始めは日本語字幕を付けて見る、内容がつかめてきたら一部のシーンを中国語字幕で見るなど、自身の中国語のレベルやドラマの内容の理解度などに合わせて時代劇を楽しむのがよいでしょう。

中国時代劇ファンを引き付ける「ブロマンス」とは？

　ブロマンス（bromance）は、ブラザー（brother）とロマンス（romance）を掛け合わせた混成語。男性同士の深い結びつきや近い関係の中に、ロマンスを感じさせるようなストーリーが展開されます。同性愛や性的描写に対する規制が厳しい中国では、BL（ボーイズラブ）的要素をブロマンスとして表現することが多く、時代劇の中にも男性同士の絆が美しく描かれています。

注目の二大作品
『魔道祖師』／『陳情令』

墨香銅臭の小説『魔道祖師』。主人公は魏無羨、藍忘機という魅力あふれるキャラクターの男性2人。架空の古代中国を舞台に、ブロマンスあり、ミステリーあり、アクションあり、ファンタジーあり、というスケールの大きなストーリーが展開されます。中国語（繁体字）のほか、日本語版（全4巻）も出ていて、日本語で楽しむこともできます。中国の小説投稿サイト「晋江文学城」で連載され、その後ラジオドラマ、アニメ、実写ドラマ『陳情令』なども生まれました。

日本語版『魔道祖師 1』の表紙
©墨香銅臭／千二百／JJWXC／平心出版／FW

　『陳情令』は2019年に動画配信サービス“**腾讯视频（テンセントビデオ）**”のウェブドラマシリーズとして放映。動画再生回数は100億回を突破。この作品の世界的ヒットがきっかけで、中国のドラマやアニメの認知度が一気に高まったといえるでしょう。日本では2020年からWOWOWやU-NEXT、Netflixなどで動画配信が始まり、地上波でも度々、日本語吹き替え版と字幕版の二か国語放送が放映されています。吹き替え版からスタートするのもよいですが、日本語字幕や中国語字幕での視聴にも挑戦してみましょう。

『天涯客』／『山河令』

　Priestの『天涯客』は、武術に長け、義理と人情を重んじる主人公を描いた武俠ジャンルの小説。暗殺組織のリーダーだった周子舒と謎めく美青年の温客行が、互いの絆を深めながらかけがえのない相棒になっていく過程は、まさにブロマンスの真骨頂といえます。

　『天涯客』を原作とする実写ドラマ『山河令』は、映像美と壮大な世界観が堪能できる作品。2021年に中国の動画配信サービス“**优酷（Youku）**”で配信が始まり、その後、韓国やアメリカなどでも人気に。日本でもWOWOWやU-NEXT、Amazon Prime Videoなどで日本語字幕版が放送され、話題になっています。

時代劇以外も良作が続々

　中国の現代ドラマにも人気作が次々と誕生しています。現代社会を生きる女性

たちの共感を呼ぶラブコメディ『お昼12時のシンデレラ』、上海に暮らすミドル世代の生き方や恋愛を題材にした《我的前半生》など、作品を楽しみながら、中国のトレンドや実際のライフスタイルを知ることができます。中国語の日常表現はもちろんのこと、流行語や俗語など、教科書には出てこないリアルな会話が学べるのは現代ドラマだからこそ。言葉の使い方や役者の表情など、いろいろな要素から会話のニュアンスをつかんだり、現代中国人の価値観や流行などを感じ取ったり、現代ドラマから学べることは山ほどあります。

　また、日本で大ヒットした学園恋愛ドラマ『花より男子』の台湾リメイク版《流星花園》や、主演の長澤まさみが全編中国語のセリフで挑んだ台湾ドラマ《流氓蛋糕店》（邦題『ショコラ』）など、日本と関係のある作品を選んで、両者の違いを見るのも面白いでしょう。

コミック、アニメ

　中国のアニメ・漫画市場は年々成長し、2021年には日本市場のほぼ倍に当たる2400億元（約4兆8600億円）を突破。世界の「MANGA」市場は日本の独壇場だと思いがちですが、中国のコンテンツも国内外で高い評価を受けており、特に、美しいアニメーションと幻想的なビジュアル、チャイボーグといわれるCGのような中国独特のおしゃれな女性の表現がアニメファンの心をつかんでいます。

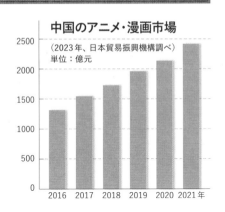

中国のアニメ・漫画市場
（2023年、日本貿易振興機構調べ）
単位：億元

　コミックやアニメは特にSNSやアプリなどのデジタルコンテンツ化が進んでいることもあり、良作は簡単に国境を越えて瞬く間に世界中にファンを獲得していきます。ウェブ上で話題を呼び、映画化された『羅小黒戦記』、BL小説から生まれたアニメ版『魔道祖師』も、熱心な漫画ファンがブームの潮流を作り出し、本格的に日本に輸入されることになりました。

　『羅小黒戦記』が日本でヒットした2020年以降、日本にある中国専門の書店でも、中国産アニメ・コミックのニーズが急速に拡大しているそうです。中国語のコミックやアニメは、中国専門の書店のほか、中国の大手配信サイトのBiliBiliや

テンセントで入手・視聴できます。自分のペースで何度でもリピートして読める
コミックは、中国語の初級者にとって、比較的学習に取り入れやすいコンテンツ
です。気に入った作品を見つけて、中国語のフレーズや会話のやりとりを参考に
してみましょう。そのほか、『ドラえもん』や『ONE PIECE』の中国語翻訳を読
んで、日本語と中国語の表現の違いなどを学ぶのもよいでしょう。

アニメファンを魅了する『羅小黒戦記』と『フェ～レンザイ』

『羅小黒戦記』

　中国アニメブームの火付け役。もともとはAdobe Animate（旧Adobe
Flash）などで作成した漫画をウェブで配信するフラッシュアニメで話題を呼びま
したが、映画化されたことでさらに人気が高まりました。愛らしいキャラクター設
定、美しい師弟関係の描写など、中国アニメーションの実力がうかがえる作品です。

　物語のテーマは、「自然と人との共生」。主人公は猫の妖精のシャオヘイ（小黒）
で、土地開発ですみかを失った幼いシャオヘイが妖精仲間のフーシー（風息）や、
人間のムゲン（無限）と知り合い、師弟愛のような信頼関係で結ばれていきます。

　中国本土での映画の興行収入は約50億円。日本ではオリジナルの字幕版に続き、
2020年に花澤香菜、宮野真守などの豪華な声優陣による吹き替え版が上映され、
中国アニメとしては歴代最高の5億円の興行収入を記録しました。日本ではBlu-
rayとDVDが発売されているほか、公式YouTubeやBiliBiliでもウェブアニメが
公開されています。

『フェ～レンザイ ―神さまの日常―』（原題：非人哉）

　主人公は9つの尻尾を持つキツネの霊獣、キュウゲツ（九月）。仲間の妖怪や竜、
神など、中国の神話に出てくる、人にあらざる者たちの日常をコミカルに描いて

います。元はウェブの4コマ漫画としてスター
トしましたが、かわいらしいキャラクターデザ
インで人気を博した後、人工知能によるキャラ
クターのバーチャルライブでさらに人気が爆発
しました。AI時代らしいマルチチャネル型の展
開でも話題を呼んでいます。

　4コマ漫画はもちろんのこと、アニメも一話
一話が短いので、簡単とは言えませんが、比較
的取り組みやすいでしょう。4コマ漫画はオリジ

『フェ～レンザイ』公式X（旧Twitter）
https://twitter.com/feirenzaihi

ナルのウェブサイトや“微博（Weibo）”、1分ほどの短いアニメはYouTubeで視聴できるのでチェックしてみましょう。

動画コンテンツを語学学習に生かすコツ

中級以上の中国語学習者にとって、ドラマやアニメ、映画のような動画コンテンツはリスニング力を鍛える絶好のツールです。入門・初級者には、本格的な動画コンテンツはハードルが高いので、まずは幼児向けの作品や1〜3分程度の短い作品から挑戦しましょう。話題のドラマや映画を見たい場合は、数分ずつ細かく区切って視聴するなどの工夫をすると取り組みやすくなります。

視聴する作品は、中国語字幕（漢字・ピンイン）や日本語字幕が付いているものを選ぶとよいでしょう。Netflix やYouTube の場合、Google Chrome の無料拡張機能「Language Reactor」を使用すると、中国語字幕、ピンイン、日本語字幕で作品が見られます。字幕を変えたり、再生スピードを変えたり、自分のレベルに合わせて活用しましょう。

アニメやドラマなどの日本語字幕には意訳も多いので、中国語と対比しながら確認しても、すんなり理解できないかもしれません。分からない点は中国語の先生や中・上級レベルの先輩などに聞いてみましょう。

歌

カラオケは日本発の最強のコミュニケーションツール。音楽に国境はないといわれるように、言語や文化にかかわらず、気に入った歌なら何度も聞き、口ずさむうちに、頭の中に刻まれていきます。海外の音楽といえば英語の曲やK-POPの注目度が高いですが、カラオケに行くと、中国語の曲もかなり多く収録されていることに驚くかもしれません。カラオケのDAMやジョイサウンドには、1万以上の中国語の曲が収録されていますが、今後はさらに増えると予想されます。

中国語の歌のファンは従来からいます。日本人が中国語の歌を歌い、中国人が日本語の歌を歌う「日中カラオケコンクール」（主催：日中通信社）は、1998年より毎年開催されている歴史あるイベント。日本の参加者たちは、繰り返し発音の練習をしたり、

第25回日中カラオケコンクール決勝大会で日本人部門の最優秀賞に輝いたむちまろ（清水博美）さん

中国人の友人から指導を受けたり、さらには歌詞の意味を理解するために勉強したりするなど熱心に取り組みます。その過程で中国の文化や思想、習慣や歴史などを知り、さらに中国の歌に魅了されていきます。

中国語の歌の魅力は多数ありますが、中国語の音の響きもその一つに挙げられるでしょう。歌を歌うと、

第25回日中カラオケコンクール決勝大会の入賞者

その音の響きを全身で感じることができます。一音一音を味わったり、余韻を楽しんだり、「話す」「聞く」練習ではなかなか得られない感覚を体験できます。

歌は中国語初級者でも比較的取り入れやすい学習法です。まずは音楽のストリーミングサービスなどで中国語の曲を聞き、気に入った曲があれば繰り返し聞いてみましょう。歌詞を見ながら曲に合わせて繰り返し歌っていると、少しずつ中国語の発音に慣れていくでしょう。中国語カラオケ初心者へのおすすめは、歌詞が分かりやすく比較的ゆったりした歌。少し歌えるようになったら、ぜひカラオケでチャレンジしてみましょう。

歌いやすくて、覚えやすい中国の歌はこれ！

《月亮代表我的心》

テレサ・テンが歌うスタンダードナンバーです。多くの中国人が知っている曲なので、カラオケで歌えば、中国人が盛り上がってくれること間違いなし。スローで優しいメロディーと繰り返し部分が多い歌詞のおかげで、初心者が取り組みやすい曲といえます。

《后来》

中国の有名ソング《**后来**》は、日本の歌手Kiroroの『未来へ』のカバー。日本人にとって親しみやすい曲であり、歌詞が比較的簡単で、曲のテンポもゆったりしているので、初めて練習する曲としておすすめです。

取材協力：胡文娟さん（日中カラオケコンクール総合プロデューサー）
日中カラオケコンクール https://www.long-net.com/karaoke

古典

　ここまで、最近注目を集める中国発のコンテンツを紹介してきましたが、古典として位置付けられる『三国志』や『論語』なども中国発のコンテンツです。中国語の学習が進み、故事成語に触れる機会が増えてくると、古典の知識の必要性を感じるケースが出てくるかもしれません。中国では幼い頃から古典に触れていることから、ビジネスシーンやフォーマルなスピーチはもちろん、日常の何気ない会話の中でもよく古典が引用されます。そのため、中国語の言葉や単語が分かっても、その故事などを知らなければ、話の意図が正しく理解できないこともあります。

　中国の古典の中でも、『三国志』と『論語』は定番中の定番。コミックやゲームなどにもなっていますので、取り組みやすいものから始めるのも1つの方法です。中国語で読むなら、現代中国語になっているもの、あるいは中国の子ども向けに平易な中国語で記されたものなどがよいでしょう。

『三国志』と『論語』、大定番の中国古典で教養を深める

『三国志』

　『史記』『漢書』『後漢書』に次ぐ、中国の4番目の正史。三国時代が終わって間もなくの280年ごろ、西晋の陳寿によってまとめられました。少しでも不明な点がある事柄は省かれたため、完成当初は非常にシンプルな歴史書でしたが、その後、南朝宋の裴松之によって膨大な注釈が付け加えられ、現在に伝わる魏志30巻、蜀志15巻、呉志20巻の合計65巻になりました。この『三国志』から生まれた言葉は多く、日本にも「三顧の礼」や「苦肉の策」などの多くの言葉が伝わっています。

　正史から約1000年後、長編小説としての『三国志演義』が登場しました。蜀・魏・呉の三国を公平に取り扱い、史実を淡々と記した『三国志』に対し、歴史小説である『三国志演義』は蜀王朝の正当性を強調した内容で、漢王朝の血を引く蜀の劉備を英雄とし、魏の曹操を悪役としたストーリーになっています。

　その後、国内外で『三国志演義』をもとにした数々の小説が生まれました。日本でも吉川英治や北方謙三が書いた『三国志』が人気を博しています。また、『三国志』をベースにしたコミックやゲームもベストセラーとなっています。

『論語』

　「西の聖書、東の論語」といわれるほど、古くから中国で学ばれている基本的

教養書です。春秋時代の思想家、孔子の教えを、弟子たちがまとめた儒教の経典であり、「子曰く」から始まる教えが全10巻20篇にまとめられています。日本でも渋沢栄一、福沢諭吉、夏目漱石など、歴史に名を残す人が進んで『論語』を学んだといわれています。「温故知新」「一を聞いて十を知る」など、『論語』由来の言葉やことわざは数知れず、アジア各地に伝わる教養として根付いています。

まとめ

◆時代劇は歴史や文化的背景にも注目して見ると、中国理解に役立つ

◆実際の生活でよく使う言い回しは、現代ドラマでチェック

◆初級者は数分の短い動画から、中国語を聞き取る練習を

◆カラオケはゆったりしたリズムで繰り返し部分が多い曲が歌いやすい

◆古典は中国の基礎的教養。会話や文章の中で故事成語などとして引用されることが珍しくない

2 中国料理を極める
──ガチ中華に挑戦！

「食」は中国文化の一大エンターテインメント。四大料理や調理用語など
の基礎知識から話題の「ガチ中華」まで、奥深い中国料理の世界を堪能し
ましょう。

中国料理の基礎知識

　日本の約25倍の面積を誇る中国には、北京料理、上海料理、広東料理、四川
料理の四大料理を筆頭に、豊かで多様な食文化が全国各地に根付いています。海
や河川に近いエリアなのか、内陸の乾燥したエリアなのかなど、その地域や風土
によって、食材、味付け、調理法などが大きく異なり、中国料理とひとくくりに
はできないほどバラエティーに富んでいます。まずは、日本でもおなじみの四大
料理を例にとって、その特徴を紹介していきましょう。

北京料理

　中国の北東、華北平原の最北端に位置する北京は、
冬は乾燥してかなり冷え込むエリアです。そのため、
ネギ、ニンニク、ショウガなど、体を温める香味を
ふんだんに使用した塩味の強い料理、油を多用した
濃厚な料理が特徴です。小麦粉や肉を使ったメニュー
が多く、主な料理に北京ダックや羊肉のしゃぶしゃぶ、
ジャージャー麺などがあります。

北京料理の代表、北京ダック

・**北京烤鸭** Běijīng kǎoyā 北京ダック
・**涮羊肉** shuànyángròu 羊肉のしゃぶしゃぶ
・**炸酱面** zhájiàngmiàn ジャージャー麺

上海料理

　"**鱼米之乡**（水産物や米が豊富に取れる土地）"と
呼ばれる上海周辺の江蘇省、浙江省は、温暖な中国
華東エリア、長江の河口付近に位置しています。エ
ビやカニ、魚などの海鮮食材が豊富なほか、米の産

地としても知られています。上海料理は煮込み料理
や蒸し料理が多く、甘辛い味付けの料理もよく見ら
れます。上海ガニや小籠包、水晶蝦仁（エビのあっ
さり炒め）などが有名です。

おなじみの小籠包は上海料理

- **大闸蟹** dàzháxiè 上海ガニ
- **小笼包** xiǎolóngbāo 小籠包
- **水晶虾仁** shuǐjīng xiārén 水晶蝦仁（エビのあっさ
  り炒め）

広東料理

　中国華南エリアに位置する広東省広州市は食の中
心地として知られています。"**食在广州**（食は広州に
あり）"といわれるほど、山海の豊かな食材に恵まれ
ており、調理方法もメニューもバラエティー豊かです。
しょうゆや中国みそなどを使ったあっさりとした味付
けで、唐辛子などの辛味や油は多用せず、素材の味
を生かすのが広東料理の特徴です。主なものにフカ
ヒレのスープや酢豚、ワンタン麺などがあります。
また、中国茶を飲みながら、ギョーザ、シューマイ
などの点心を食べる飲茶も有名です。

ワンタン麺のようにあっさりとした
味付けが多い広東料理

- **鱼翅汤** yúchìtāng フカヒレスープ
- **古老肉** gǔlǎoròu 酢豚
- **馄饨面** húntunmiàn ワンタン麺

四川料理

　中国の西南部の内陸地で、海がなく、盆地にある
四川省は、夏は高温多湿、冬は厳しく冷え込みます。
食欲増進や発汗効果の高い花椒や唐辛子を多用した、
痺れるような辛さの「麻辣」と呼ばれる料理が特徴
です。海から遠いことで乾燥海産物の技術が発達し
たため、アワビやフカヒレの干物を使った料理も多
く見られます。有名な四川料理にマーボー豆腐やホ
イコーロー、タンタン麺があります。

マーボー豆腐をはじめ四川料理は辛
さが特徴

・麻婆豆腐 mápó dòufu マーボー豆腐
・回锅肉 huíguōròu ホイコーロー
・担担面 dàndanmiàn タンタン麺

覚えておきたい調理用語

☞ 炒 chǎo 油で炒める
☞ 烤 kǎo 焼く、あぶる
☞ 爆 bào 熱した油でさっと揚げる、沸騰した湯でさっとゆでる
☞ 煎 jiān 少量の油で焼く
☞ 干烧 gānshāo 水分がなくなるまで煮込む
☞ 煮 zhǔ ゆでる、煮る
☞ 烧 shāo 煮込む
☞ 炖 dùn 長時間煮込む
☞ 蒸 zhēng 蒸す
☞ 炸 zhá 揚げる

中国料理の命名ルール

　漢字ばかりで表現された中国料理のメニューは、一見難解そうに思えますが、実は一定のルールに沿って名前が構成されています。材料、調理法、形状、調味料・香辛料、地名・人名などを組み合わせて料理名を付けているため、慣れてくればメニューを見るだけでどんな料理なのかが想像できるようになるでしょう。

　調理法と材料を組み合わせた料理名や2つ以上の材料の名前を並べたもの、人名と材料を組み合わせたものなど、組み合わせ方はさまざまです。日本でもよく知られている中国料理を例に挙げて、名付けパターンを見てみましょう。

【材料＋材料＋形状】
青椒肉丝 qīngjiāo ròusī チンジャオロースー
"青椒（ピーマン）" ＋ "肉（豚肉）" ＋ "丝（細切り）"

【調理法＋材料】
干烧虾仁 gānshāo xiārén エビのチリソース炒め
"干烧（水分がなくなるまで煮込む）" ＋ "虾仁（エビ）"

【調味料＋材料】
糖醋排骨 tángcù páigǔ スペアリブの甘酢あんかけ

"糖（砂糖）" ＋ "醋（酢）" ＋ "排骨（スペアリブ）"

※ "糖醋" で甘酸っぱいという意味

【人名＋材料】

麻婆豆腐 mápó dòufu マーボー豆腐

"麻婆（あばたのあるお婆さん）" ＋ "豆腐"

※ 料理を考案したのが天然痘の痕があるお婆さんでした

【人名＋材料＋形状】

宮保鸡丁 gōngbǎo jīdīng 鶏肉とカシューナッツの炒め物

"宮保" ＋ "鸡（鶏肉）" ＋ "丁（さいの目切り）"

※ "宮保" は料理を考案した清の官僚の職名

【調理法＋材料】

回锅肉 huíguōròu ホイコーロー

"回锅（鍋に戻してもう一度調理する）" ＋ "肉（豚肉）"

【地名＋調理法＋材料】

北京烤鸭 Běijīng kǎoyā 北京ダック

"北京" ＋ "烤（焼く、あぶる）" ＋ "鸭（アヒル）"

中国のお酒マナー

　中国人主催の食事会などに出席する際は、中国のお酒のマナーを忘れずに確認しておきましょう。中国の乾杯 "干杯 gānbēi" には「杯を飲み干す」という意味があります。つまり、乾杯したらグラスの中のお酒を全部飲み干すのがマナーです。杯を交わすことは、友情の印であり、限界まで飲むことで友情が深まると考えられており、一度だけでなく何回も "干杯" を繰り返すのが特徴です。"干杯" を辞退したり、グラスに飲み残したりするのは友好的とはいえません。

　酔いつぶれるのもマナー違反と考えられています。お酒をあまり飲めない人は、主催者などに事前に伝えて、お酒を飲まないようにしましょう。少しでもお酒に口を付けてしまうと、飲める人だと判断されるため、飲まないと決めたら、一滴も飲まないのが賢明です。

また、宴会の際にひとりで勝手にお酒を飲むのもNG。「いつもありがとうございます」など、感謝の気持ちを込めて、誰かとともに酒を飲み交わすようにしましょう。

"干杯"か"随意"かをあらかじめ確認しておこう！

ただ、最近は都市部を中心にお酒のマナーが変化してきており、自分が飲める分量だけを自由に飲む、"随意 suíyì"と呼ばれる飲み方も増えてきています。"干杯"スタイルか"随意"スタイルかは、出席者や地域などによって異なりますので、食事会に招かれた場合は、あらかじめ確認しておくとよいかもしれません。お酒はコミュニケーションの潤滑油。マナー違反に注意して、楽しく交流を深めてください。

取材協力：株式会社菜香会長 曽徳深さん。同社が運営する菜香新館（横浜中華街）は飲茶や伝統的な広東料理を提供。スイーツでは「なめらか杏仁豆腐」が絶品。

取材に協力してくれた菜香新館のスイーツ「なめらか杏仁豆腐」

本格派「ガチ中華」が人気

最近にわかに日本で話題になっているのが「ガチ中華」と呼ばれる中国料理です。日本人の味覚に合わせて多少マイルドにした従来の中華ではなく、中国各地の味を忠実に再現した本格派で、東北料理や湖南料理、西北料理などの地方料理も楽しめます。

2001年に約38万人だった日本在留中国人は、2023年には78万人にまで倍増（出入国在留管理庁調べ）。それに比例してガチ中華の店もだんだんと増えてきたのです。東京や大阪、名古屋、福岡などの都市部では、現地さながらのガチ中華が楽しめる店が続々と登場し、2010年ごろからは、海外で人気の中華チェーンも日本に進出してきました。もともとは日本に暮らす中華圏のアジア人が主な顧客でしたが、コロナ禍以降は日本人客が増加しています。

店で飛び交う言語やメニューも中国語のみの店が多いガチ中華店では、日本にいながらにしてまるで中国にいるような感覚が味わえます。この異国感がコロナで海外に行けなくなった人たちを魅了しました。さらに、日本で食の多様化が進み、

激辛料理ブームが起こったことで、中国の最辛料理である湖南料理や四川料理などが注目され、ガチ中華がますます人気になりました。

　ガチ中華店は、中国人が多く暮らすエリアに集中しています。東京や埼玉では、新宿〜池袋（埼京線・山手線沿線）、錦糸町〜小岩（総武線沿線）、上野や西川口、蒲田など。特にガチ中華のフードコートがある池袋、中国人留学生が多い高田馬場は注目のエリアです。

味も雰囲気も本場そのもの！「ガチ中華」を楽しむ

　人気のガチ中華の中でも、いち早く話題を集めたのが四川省発祥の激辛料理「麻辣系」。唐辛子や豆板醤（トウバンジャン）、花椒をふんだんに使った火鍋や麻辣湯など、舌が痺れ、刺すような辛さが癖になります。

　ガチ中華の魅力の1つは、四大料理以外の地方の珍しい料理が味わえること。おなじみの麺類も、長江から北の地域は小麦麺、南の地域は米麺など、地域によって大きく特色が異なります。西安のビャンビャン麺や雲南省の米線（ミーシェン）など、ご当地麺を食べ比べてお気に入りを見つけるのも楽しそうです。

　気軽にガチ中華を楽しみたいなら、中国のファストフード“小吃 xiǎochī（軽食）”がおすすめです。2018年には中国の小吃専門チェーン「沙県小吃」の第1号店が高田馬場に上陸して、話題になりました。フードコートなどでも、山東省の“煎饼果子（中国式の甘くないクレープ）”や上海発の“生煎包（焼き小籠包）”など、多彩な“小吃”が楽しめます。そのほか、串焼きや鍋、スープなどで味わえる、中国の東北や西北、内モンゴルを代表する「羊料理」も人気です。

　また、日本人が増えたといっても、ガチ中華のお店にはまだまだ中華圏の客が多いため、中国語で会話するチャンスにも恵まれます。中国語でオーダーしたり、料理について質問したり、ガチ中華を介して中華圏の人たちとの親睦も深まりそうです。ガチ中華で、多様で奥深い中国の食文化と現地さながらの中国語コミュニティーを存分に楽しみましょう。

自宅でも作れる！ ガチ中華おすすめレシピ

辣子鸡 làzǐjī 鶏肉の唐辛子炒め

　四川料理を代表する麻辣系料理の1つ。たっぷりの唐辛子や花椒と鶏肉を炒めて作る刺激的な一品です。

東京・池袋にあるガチ中華店

材料（1人分）

・骨付きもも肉　1本
・長ネギ　1本
・ショウガ　5片
・ニンニク4片
・胡麻　大さじ1
・干し唐辛子　30本
・花椒　大さじ1.5
★酒　大さじ1
★しょうゆ　大さじ1.5
★みりん　小さじ1

麻辣系四川料理の代表、辣子鶏。自宅で本格中華作りに挑戦してみよう

作り方

1. 中華包丁などの背で、もも肉の骨を砕いた後、食べやすい大きさに切ります。
2. 肉と★印の調味料を混ぜて20分ほど放置し、下味を付けます。
3. ニンニクは薄くスライスし、ネギは2〜3cmに粗く刻みます。干し唐辛子は小さなものはそのまま、大きなものは半分に切ります。
4. 中華鍋に油を引き、肉を炒めます。肉に火が通り、色が変わって肉の脂がしっかり出たら、いったん皿に取ります。
5. 油を多めに引き、ニンニクとショウガを弱火で炒め、香りが出たら、唐辛子と花椒を加えます。花椒がない場合は、通常の胡椒で代用できますが、独特の痺れるような辛さは控えめになります。
6. 皿に取っておいた肉、粗く刻んだネギを加えて強火で炒めます。最後に胡麻を入れて全体にからませたら、出来上がりです。

「ガチ中華」食材はどこで買う？

　家で本格中華を作る際に欠かせないのが、花椒などの中国ならではの香辛料や食材。近くのスーパーで売っていなければ、中華街やガチ中華店近辺の中国食料品店、「カルディ」などの輸入食材店などをチェックしてみましょう。また、インターネットでもいろいろな中華食材が販売されています。レトルトの麻辣香鍋の素や四川火鍋の素を利用したり、冷凍食品のワンタンや小吃を利用したりすれば、自宅で手軽にガチ中華が楽しめます。

まとめ

◆調理用語と料理名のルールを知れば、中国料理の内容を理解できる

◆地方によって味付けや食材はさまざま。気候や土地柄で特徴が大きく異なる

◆現地の味に忠実なガチ中華店では、多様な地域の珍しい地方料理が楽しめる

◆中華圏の客が多いガチ中華店では、中国語で会話するチャンスも豊富

◆中国食材店やネットで材料を買って、自宅でガチ中華作りにチャレンジしてみよう

3 | インターネットで楽しむ・交流する

中国の人たちと交流できて、最新トレンドも分かる中国のSNS、世界で話題の中国発オンラインゲームなど、中国語のインターネットにアクセス!

中国発の定番SNS

　中国には、9億人を超えるSNS*ユーザーがいます。実に全人口の60％以上がSNSを利用しており、コミュニケーションやショッピング、エンターテインメントの一大プラットフォームとなっています。中国の最新情報を入手でき、中国の人たちと気軽に交流できるSNSは、中国語を学べるもう1つの学習の場。中国語が中・上級レベルでなくても、思い切って始めてみましょう。日本に興味のある人や趣味が同じ人とつながり、実際に中国語でコミュニケーションをとることで、語学力の向上につながるはずです。

　なお、グレートファイアウォールという中国政府のインターネット規制により、FacebookやLINEなどの海外のSNSは利用できないため、中国では独自に開発された"微博（Weibo）"や"微信（WeChat）"などが使われています。中国発のSNSはやはり中国語での利用が基本。自分に合ったSNSを見つけたら、オンライン上で中国語を使った情報収集や国際交流を楽しんでみてください。

＊SNS＝Social Networking Service（ソーシャルネットワーキングサービス）の略で、インターネット上のネットワーク構築サイトの総称

中国の二大SNS "微博" と "微信"

"微博（Weibo）"

　約8億人のユーザーを誇る中国最大のSNSです。マイクロブログを意味する"微博"は、その名の通り、自分の日常を気軽に発信できるミニブログサービス。X（旧Twitter）やFacebookのような機能を持ち、中国のトレンドを探りたいときや欲しい情報を見つけたいときに活用できます。

　好きな芸能人や中国ファッションに関することなど、気になる話題をチェックできるのはもちろん、中国人の投稿を見てカジュアルな表現やネットスラングな

"微博（Weibo）"は中国版のX（旧Twitter）のようなイメージ

ど、生の中国語を学ぶことも可能です。また、画面のトップには、随時、話題の
トピックが表示されており、今の中国の最新トレンドも把握できます。

　"微博"のキーワード検索機能はアカウントなしでも使用できますが、投稿やダ
イレクトメッセージの送受信には登録が必須です。一定の中国語力は必要ですが、
アカウントを作成して、日本の文化やライフスタイルなどについて発信してみる
のもいいでしょう。日本人のユーザーはまだ少ないため、日本人発信の投稿には
多くの中国人からの反応が期待できます。

　オンライン上の翻訳機能などを上手に使用すれば、中国語の初級者でも中国語
でコミュニケーションが可能です。ただ、正しいニュアンスが伝わらないケース
もあるので、中国語の中・上級者や日本語が分かる中国人に事前にチェックして
もらうといいでしょう。なお、"微博"には通常版と国際版があり、通常版はすべ
て中国語で表示されるのに対して、国際版は英語表示が選べます。

"微博"の始め方

1. App Store や Google Play から "微博" アプリをインストール
2. 電話番号を入力
3. 登録した電話番号に届いた6ケタの認証コードを入力
4. 性別・誕生日を選択・入力し、次に興味のあるトピックを4つ以上選択

電話番号を入力

登録した電話番号に届いた認証
コードを入力

興味のあるトピックを選択

"微信（WeChat）"

　中国のインターネットユーザーの8割が活用している巨大チャット系アプリで、中国本土のほか、マレーシアやオーストラリアなどにも多数の利用者がいます。個人間のメッセージのやりとりのほか、近くにいる人を探してメッセージを送信できる機能、複数人でメッセージを共有できるグループチャット機能、写真や文章を投稿できるモーメンツ機能などがあり、中国版のLINEと呼ばれることもあります。

　グループチャット内の翻訳アカウントを利用すれば、中国語でどのように表現するのかが分かりますので、活用してもよいでしょう。また、声でメッセージを入力するボイスメッセージ機能は、中国語の発音練習に使えます。

　"微信"は、プライベートでもビジネスでも、中国人との通信の第一選択肢になるアプリです。スマートフォンのアプリから日本語でアカウント登録ができるので、まずは登録してさまざまな機能を試してみましょう。

"微信" の始め方

1. App StoreやGoogle Playから "微信" アプリをインストール
2. 「携帯電話で登録する」を選択し、氏名などの個人情報を入力
3. パスワードを作成
4. 登録した電話番号に届いた6ケタの確認コードを入力。使用したい機能を選択

「携帯電話で登録する」を選択し、個人情報を入力　　登録した電話番号に届いた確認コードを入力　　使用したい機能を選択

その他のSNS

小红书（RED）

美容・ファッション分野に強いSNSで、中国版Instagramとも呼ばれています。特に若い女性を中心に人気が高く、登録者数は2億人以上。レビュー機能のほかに、投稿で紹介された商品を購入できるEC機能を搭載しており、情報収集から購入までがすべて "小红书" 内で完結します。日本の大手企業のほか、ファッションモデルやYouTuberも中国でのマーケティングに活用するなど、日本でも注目が高まっています。

知乎（Zhihu）

ユーザーが悩みや疑問を投稿し、広くアドバイスなどを募集するQ&Aサイト。ちょっとした疑問から恋愛や仕事に関する相談まで幅広いジャンルの投稿があり、中国人のリアルな声を聞くことができます。自分でアカウントを作成すると質問を投稿でき、例えば中国語に関する疑問などを投げかけると、ネイティブスピーカーの意見を聞くこともできます。

抖音（Douyin）

2016年にリリースされたショートムービー作成・共有アプリで、中国国外ではTikTokとして知られています。10〜20代の若いユーザーが多く、ここから最新トレンドが生まれることも少なくありません。TikTokユーザーなら、中国語であっても感覚的に活用しやすいSNSです。中国語の字幕が付いている動画をリスニング教材として使ったり、中国の流行の兆しをいち早くキャッチしたりなど、目的に合わせて使ってみましょう。

中国のSNSを楽しむには

SNSの醍醐味はオンライン上で他者と交流できること。ネイティブと中国語で交流するには一定の語学力が必要ですが、オンライン上の翻訳機能などが足りない部分を補ってくれます。

例えば、「私は東京に住んでいます」と伝えたい場合、Google翻訳を使えば、すぐに "我住在东京" という中国語訳が表示されます。中国語も同様に、即座に日本語に翻訳されるので、比較的簡単にメッセージのやりとりができるのです。

音声機能を使えば、翻訳したい中国語の発音も教えてくれます。すべてが正しく翻訳されるわけではなく、注意が必要なケースもあります。ただ、少し不自然な中国語を投稿したとしても、「この中国語はこう直したほうがいいよ」と親切に教えてくれる人もおり、そこから交流が始まることもあるでしょう。

オンラインゲーム

　中国のオンラインゲーム市場は世界トップクラスの規模。国内はもとより、日本やアメリカでも中国発のゲームが大人気です。最先端のAI技術を駆使したクオリティーの高さ、巧みに中国文化を組み込んだ奥深いストーリー、魅力的なゲームキャラクターなどが相まって、世界中で高い評価を受けています。

　2021年ごろからのゲーム規制の影響で、中国国内ではゲーム市場が低迷した時期がありましたが、その間も、海外での売り上げは大きく伸びていました。2022年後半から2023年にかけて規制が徐々に緩和されてからは、国内の需要もV字回復。2023年6月末には、中国のゲーム人口が過去最高の6億6800万人に達しました。特にスマートフォンなどにインストールして楽しむアプリゲームが中国のゲーム市場の大部分を占めており、世界的ヒットとなった「原神」をはじめ、数々の名作が生まれています。

名作ゲームを中国語学習に生かす

原神

　離れ離れになってしまった双子が、生き別れの兄妹を探すために広大な世界を冒険するアクションRPG（ロールプレイングゲーム）。泳いだり、崖をよじ登ったりするなど、移動の制限なく仮想世界を自由に動き回れる、ダイナミックなゲーム体験ができます。美しいグラフィックと魅力的なキャラクター、派手なアクションバトルが話題となり、リリースからわずか1カ月で世界の累計売上が270億円を記録。日本ではスマホアプリのダウンロード版のほか、現在はPlayStation版やNintendo Switch版も発売されています。

　「原神」のアプリ版は世界12カ国語に対応しているので、日本語に切り替えたり、中国語に切り替えたりして、中国語の勉強に役立てられます。また、中国語・英語・日本語・韓国語の4カ国語にはボイス機能も付いているので、自分の推しのキャラクターのせりふを中国語で再生するなどして楽しめます。

水都百景録

　明代の江南地区を舞台に、水都を作り上げていく町づくりと経営のシミュレーションゲーム。山水画を駆使した情緒あふれる古画のタッチ、中国に実在した偉人をモチーフとしたキャラクターなど、中国の古典好きにはたまらない魅力的な歴史の世界が楽しめます。中国語名は"**江南百景図**"。

　2020年7月にリリースされた後、世界のダウンロード数は1カ月で500万件を記録。日本にも水都百景録のファンは多く、中国専門書店にはゲームの関連書籍を求める人が続々と訪れました。ゲームの中で、文人の文徴明や詩人の李白といった歴史上の人物と交流し、忠実に描かれた歴史的な建造物を見るうちに、自然と中国に対する関心がかき立てられます。関連書で歴史を深掘りしたり、中国人のゲーム実況配信を見てみたりと、中国語学習のモチベーションアップにも活用できそうです。

SNS基本用語

- ☞ 账号 zhànghào　アカウント
- ☞ 注册 zhùcè　登録する
- ☞ 登录 dēnglù　ログインする
- ☞ 发布 fābù　投稿する
- ☞ 评论 pínglùn　コメントする
- ☞ 回复 huífù　返信する
- ☞ 私信 sīxìn　DM、ダイレクトメッセージ
- ☞ 点赞 diǎnzàn　「いいね」をする
- ☞ 关注 guānzhù　フォローする
- ☞ 粉丝 fěnsī　フォロワー
- ☞ 网红 wǎnghóng　インフルエンサー
- ☞ 热搜 rèsōu　トレンドワード
- ☞ 视频 shìpín　動画
- ☞ 图片 túpiàn　画像

中国語の学習にも活用できる微博、微信、知乎、小红书などの中国発SNS

まとめ

◆中国では海外発SNSを使わず、中国が独自で開発したSNSを利用している

◆ブログ系SNS"**微博**"には、中国語初級者にとって役立つ機能が多数ある

◆中国の人とのチャット通信は、中国版LINEといわれる"**微信**"が便利

4 中国語で俳句を楽しむ

日本の俳句にならって五字・七字・五字に漢字を並べて作る「中国語五七五」。俳句の創作を楽しみながら中国語が学べます。

「中国語五七五」とは？

中国では古い時代から現代に至るまで非常に多くの詩歌が詠まれてきました。日本の俳句をベースにした「中国語五七五」が誕生したのは、1980年の日中文化交流会だといわれています。中国側の代表の一人だった趙樸初氏が中国語17文字で作った俳句を交流会で披露。その後、日本由来の新しい詩歌として多くの中国人に親しまれるようになりました。

趙氏が日中交流会で詠んだ句の1つが以下で、この句から中国語の俳句は「漢俳」とも呼ばれているそうです。

绿阴今雨来	緑陰　今雨来り
山花枝接海花开	山花の枝　海花に接して開く
和风起汉俳	和風　漢俳を起す

日本の俳句も「漢俳（中国語五七五）」も17文字の形式をとっていますが、日本語は仮名の17音なのに対し、中国語は漢字17文字です。1文字では基本的に意味をなさない仮名よりも、1文字で1つの概念を伝える漢字のほうが多くの情報を含んでいるため、「中国語五七五」は日本の俳句の倍に近い情報量があり、短歌に近いともいわれています。

また、季語をはじめとする決まり事は少ないので、中国語学習の入門・初級者にもおすすめ。まずは五七五のリズムで17文字を並べて、どんどん作ってみることが大事です。中・上級者になったら、韻を踏んだり、詩的表現を工夫したり、漢詩の構成を踏襲したり、といったことに挑戦してみるのもよいでしょう。

中国語学習に生かし、趣味として楽しむ

中国語学習のためだけでなく、趣味としても楽しめるのが「中国語五七五」の魅力です。黙々と机に向かうだけの勉強は時につらいものですが、「中国語五七五」は言葉遊びの感覚で中国語の知識を身に付けられます。

いくつかの中国語学校や大学では、教室活動の1つとして「中国語五七五」に取り組んでいます。テーマに沿って生徒が自由に中国語の句を作り、順番に発表。それぞれの句について話し合う過程で、句への理解を深めたり、言葉と言葉をコラボさせたり、新しい語学的発見をしたりと、多くのことを学んでいきます。授業中に即興で句を作る「中国語五七五」のライブも人気です。

月刊誌『聴く中国語』の表紙

同誌で筆者が担当する「三行日記五七五」のページ

　中国語学習誌『聴く中国語』（愛言社）には「三行日記五七五」が掲載されています。同誌のホームページ（https://aigensha.co.jp/）、Facebook、X（旧Twitter）にも随時アップされていますので、ぜひ一度チェックしてみてください。

作品例

●入門・初級レベル

我是日本人 wǒ shì Rìběnrén 私は日本人
我的爱好是看书 wǒ de àihào shì kànshū 趣味は読書
请多多关照 qǐng duōduō guānzhào どうぞよろしく

今天星期四 jīntiān xīngqīsì 今日は木曜日
因为昨天星期三 yīnwèi zuótiān xīngqīsān なぜなら昨日は水曜日だったから
明天星期五 míngtiān xīngqīwǔ 明日は金曜日

昨天天气好 zuótiān tiānqì hǎo 昨日はよい天気
今天天气不太好 jīntiān tiānqì bú tài hǎo 今日の天気はあんまり
明天怎么样 míngtiān zěnmeyàng 明日はどうかな

●中・上級レベル

安静的晩上 ānjìng de wǎnshang 静かな夜
尝尝朴素的饭菜 chángchang pǔsù de fàncài 素朴な料理を味わう
水乡古镇游 shuǐxiāng gǔzhèn yóu 水郷古い町の旅（福永薫さん作）

春风扑面来 chūnfēng pūmiàn lái 春風が顔を撫でる
二位就要离开了 èr wèi jiù yào líkāi le お二人はまもなく離れることになる
更上一层楼 gèng shàng yì céng lóu より高みを目指すように祈る（夏井町子さん作）

本来想赏月 běnlái xiǎng shǎngyuè 元々は月見をするつもりだった
但什么更有魅力 dàn shénme gèng yǒu mèilì 何がもっと魅力だろうか
温馨的月饼 wēnxīn de yuèbing 心を温める月餅だった（今泉陽子さん作）

「中国語五七五」を習慣づけるヒント

　語学学習には単語や文法、表現などを仕入れるインプットと、学んだことを実際に使ってみるアウトプットの両方が大切ですが、「中国語五七五」は学んだ知識を発信する絶好の方法です。

　外国語で新たな自己を発見し、日常生活をより豊かにできれば素晴らしいことです。自分の作った句をSNSや句会で発表するのもよいでしょう。自分から積極的に発信することで、中国語の俳句を趣味とする仲間と知り合えるなど、国を越えた交流が楽しめるかもしれません。

　「中国語五七五」を習慣化して、語学学習に役立てるために、以下の「七五三」というシンプルなルールで作品を作ることをおすすめしています。

　七：週に7日
　五：毎日5分
　三：1日3行

　「七五三」…週7日、毎日5分、3行のリズムで「中国語五七五」を楽しみましょう。今は週休2日が一般的ですが、毎日作ることで「中国語五七五」が1つのルーティンになれば、苦にならなくなります。日中双方の文芸を気軽に体験でき、また非日常的日常を味わうこともできます。文化交流にも、語学学習にも役立つ「中

国語五七五」をぜひ楽しく活用してください。

まとめ

◆中国語の入門・初級者も楽しみながら挑戦できる簡単なルール

◆中国語学習としてだけでなく、文化的な趣味として長く楽しめる

◆SNSや句会で「中国語五七五」を発表し、学習の成果をアウトプットできる

◆週7日、毎日5分、1日3行の日記を作る「七五三」でルーティン化しよう

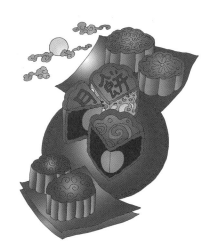

第3章

中国語ミニ講座

これまで学び方、楽しみ方をお伝え
してきましたが、少しだけ中国語を
学ぶ体験をしてみましょう。「発音入
門」「3文字中国語」「2つの練習に
チャレンジ」の3つのメニューを用
意しました。すべてに音声が付いて
います。

1 発音入門

第1章の「2. 発音」で、単母音、有気音と無気音、声調について、特に大切な部分を説明しました。ここでは、母音、子音の単体の音声を用意しました。声調は第1声から第4声までの「ma」のほかに、声調の組み合わせに慣れるための短い文もあります。それぞれどんな音なのか、音声を聞いてみてください。また、できそうなものは、音声をまねて発音してください。

単母音　

a　o　e　i　u　ü　er

複母音、鼻母音　

ai	ei	ao	ou		
ia	ie	ua	uo	üe	
iao	iou	uai	uei		
an	ang	en	eng	in	ing
ian	iang	iong	ong		
uan	uang	uen	ueng	ün	üan

子音　

b　p　m　f　d　t　n　l　g　k　h
j　q　x　zh　ch　sh　r　z　c　s

声調　

第1声	第2声	第3声	第4声
mā	má	mǎ	mà

天天喝茶身体健康。　Tiāntiān hē chá shēntǐ jiànkāng.
每日お茶を飲むことで体は健康になる。
读书学习没有捷径。　Dúshū xuéxí méiyǒu jiéjìng.　勉強に早道はなし。
很多小孩儿想养宠物。　Hěn duō xiǎoháir xiǎng yǎng chǒngwù.　多くの子ども
はペットを飼いたがっている。
细心负责避免犯错。　Xìxīn fùzé bìmiǎn fàncuò.　慎重さと責任感で間違いを回避
する。

学習がある程度進んだ人は、以下のような声調符号のみの素材で練習することもあります。

天 天 喝 茶 身 体 健 康 。

读 书 学 习 没 有 捷 径 。

很 多 小 孩 想 养 宠 物 。

细 心 负 责 避 免 犯 错 。

※3行目 "孩" は、音声は "孩儿"
ですが1音節のため、ここでは
"孩" としました。

② 3文字中国語

すぐに使える3文字の短い中国語です。そのまま覚えて使ってみましょう。
音声が付いていますが、これから発音を学習する人は、ひととおり終えてか
ら挑戦してください。

第1声で始まる3文字

真辛苦。	Zhēn xīnkǔ.	大変ですね。
多吃点。	Duō chī diǎn.	たくさん食べて。
多喝点。	Duō hē diǎn.	たくさん飲んで。
真没劲。	Zhēn méijìn.	実に面白くない。
开玩笑。	Kāi wánxiào.	冗談ですよ。
先走了。	Xiān zǒu le.	お先に失礼します。
辛苦了。	Xīnkǔ le.	お疲れさま。
吃饱了。	Chībǎo le.	おなかがいっぱいです。
吃好了。	Chīhǎo le.	ごちそうさま。
真好吃。	Zhēn hǎochī.	（食べて）おいしい。
真好喝。	Zhēn hǎohē.	（飲んで）おいしい。
跟我说。	Gēn wǒ shuō.	後について言ってね。
真扫兴。	Zhēn sǎoxìng.	がっかりです。
真气人。	Zhēn qìrén.	頭にきた。

她是谁?	Tā shì shéi?	彼女は誰ですか。
真羡慕。	Zhēn xiànmù.	とてもうらやましい。
真厉害。	Zhēn lìhai.	ただものではない。
真漂亮。	Zhēn piàoliang.	きれいですね。
多大了?	Duō dà le?	何歳ですか。
听错了。	Tīngcuò le.	聞き間違えました。
多少钱?	Duōshao qián?	いくらですか。
吃了吗?	Chīle ma?	食べましたか。
真的吗?	Zhēn de ma?	本当ですか。

第2声で始まる3文字

没关系。	Méi guānxi.	大丈夫です。
您先请。	Nín xiān qǐng.	どうぞお先に。
没什么。	Méi shénme.	何でもない。
回来了。	Huílai le.	おかえりなさい。
麻烦您。	Máfan nín.	お手数ですが。
别管他。	Bié guǎn tā.	彼に構わないで。
别紧张。	Bié jǐnzhāng.	リラックスして。
别管我。	Bié guǎn wǒ.	私に構わないで。
无所谓。	Wúsuǒwèi.	どちらでもいいです。
不要紧。	Búyàojǐn.	大丈夫です。
不客气。	Bú kèqi.	どういたしまして。
没问题。	Méi wèntí.	問題ありません。
难不难?	Nán bu nán?	難しいですか。
好不好?	Hǎo bu hǎo?	いいですか。
忙不忙?	Máng bu máng?	忙しいですか。
行不行?	Xíng bu xíng?	(許可を求める) いいですか。
沉住气。	Chénzhù qì.	落ちついて。
您贵姓?	Nín guìxìng?	お名前は？
别放弃。	Bié fàngqì.	諦めないで。
别介意。	Bié jièyì.	気にしないで。
别忘了。	Bié wàng le.	忘れないで。
别客气。	Bié kèqi.	遠慮しないで。
便宜点儿。	Piányi diǎnr.	おまけしてください。

第3声で始まる3文字

| 请喝茶。 | Qǐng hē chá. | お茶をどうぞ。 |
| 很中国。 | Hěn Zhōngguó. | 中国っぽい。 |

小心点。	Xiǎoxīn diǎn.	気を付けて。
少喝点。	Shǎo hē diǎn.	飲みすぎないように。
请随便。	Qǐng suíbiàn.	どうぞご自由に。
请原谅。	Qǐng yuánliàng.	お許しください。
我来吧。	Wǒ lái ba.	私がやりましょう。
请尝尝。	Qǐng chángchang.	味わってみて。
我请客。	Wǒ qǐngkè.	ごちそうしますよ。
请小心。	Qǐng xiǎoxīn.	お気を付けて。
我走了。	Wǒ zǒu le.	失礼します。
几点了?	Jǐ diǎn le?	何時ですか。
请慢走。	Qǐng màn zǒu.	お気を付けて。
买错了。	Mǎicuò le.	間違えて買いました。
怎么说?	Zěnme shuō?	どう言えばいいですか。
怎么写?	Zěnme xiě?	どう書くの？
怎么走?	Zěnme zǒu?	どうやって行くの？
了不起。	Liǎobuqǐ.	大したものだ。
怎么样?	Zěnmeyàng?	どうですか。
怎么办?	Zěnme bàn?	どうしよう。
怎么了?	Zěnme le?	どうしたの？

第4声で始まる3文字 ⑰

慢慢说。	Mànmān shuō.	ゆっくり話して。
拜托了。	Bàituō le.	お願いします。
不知道。	Bù zhīdào.	知りません。
为什么?	Wèi shénme?	どうして？
太难了。	Tài nán le.	難しい。
太好了。	Tài hǎo le.	良かった。
太小了。	Tài xiǎo le.	小さすぎます。
太美了。	Tài měi le.	すごくきれい。
不买了。	Bù mǎi le.	買わないことにしました。
太棒了。	Tài bàng le.	素晴らしい。
太大了。	Tài dà le.	大きすぎます。
太贵了。	Tài guì le.	（価格が）高い！
热不热?	Rè bu rè?	熱いですか。
对不对?	Duì bu duì?	合っていますか。

※p.136 "便宜点儿" は4文字ですが、"点儿" 2文字で1つの音節であるので掲載しました。
※p.135 "多吃点" "多喝点"、p.137 "小心点" "少喝点" の "点" は "点儿" となる場合も
　あります。

③ 2つの練習にチャレンジ

「借文」「音読」の2つの練習を体験してみましょう。必要に応じて、「借文」は第1章「4. 文法」の、「音読」は第1章「7. 会話」の練習方法の説明を参考にしながら取り組んでみてください。

A 借文

例文の形を借りて、その一部を変える練習です。下線部に「入れ替え語句」を入れて、文を完成させてください。音声もあります。音声を聞いて、声に出して言ってみましょう。

【1】 例：<u>妈妈</u>今天和<u>朋友</u>去<u>听音乐会</u>。 <u>Māma</u> jīntiān hé <u>péngyou</u> qù <u>tīng yīnyuèhuì</u>. <u>ママ</u>は今日<u>友達</u>と<u>コンサート</u>に行く。

◆入れ替え語句：
1. **妈妈** māma ママ／**朋友** péngyou 友達／**看电影** kàn diànyǐng 映画を見る
2. **妈妈** māma ママ／**同学** tóngxué 同級生／**打网球** dǎ wǎngqiú テニスをする
3. **妈妈** māma ママ／**同事** tóngshì 同僚／**看展览** kàn zhǎnlǎn 展示を見る
4. **我** wǒ 私／**朋友** péngyou 友達／**吃饭** chīfàn 食事する
5. **我** wǒ 私／**同学** tóngxué 同級生／**喝酒** hē jiǔ お酒を飲む
6. **我** wǒ 私／**老师** lǎoshī 先生／**看话剧** kàn huàjù 演劇を見る

【1】 1. **妈妈今天和朋友去看电影**。Māma jīntiān hé péngyou qù kàn diànyǐng.
ママは今日<u>友達</u>と<u>映画を見</u>に行く。
2. **妈妈今天和同学去打网球**。Māma jīntiān hé tóngxué qù dǎ wǎngqiú.
ママは今日<u>同級生</u>と<u>テニスをし</u>に行く。
3. **妈妈今天和同事去看展览**。Māma jīntiān hé tóngshì qù kàn zhǎnlǎn.
ママは今日<u>同僚</u>と<u>展示を見</u>に行く。
4. **我今天和朋友去吃饭**。Wǒ jīntiān hé péngyou qù chīfàn.
私は今日<u>友達</u>と<u>食事</u>に行く。
5. **我今天和同学去喝酒**。Wǒ jīntiān hé tóngxué qù hē jiǔ.
私は今日<u>同級生</u>と<u>飲み</u>に行く。
6. **我今天和老师去看话剧**。Wǒ jīntiān hé lǎoshī qù kàn huàjù.
私は今日<u>先生</u>と<u>演劇を見</u>に行く。

【2】 例：<u>咪咪很着急，因为它想吃爸爸买来的寿司</u>。 Mīmi hěn zháojí,
　　 yīnwèi tā xiǎng chī bàba mǎilai de shòusī. <u>ミミは大変焦っ
　　 てしまった、なぜならパパが買ってきた寿司を食べたかったから</u>。

◆入れ替え語句：
1. 咪咪 Mīmi ミミ／**它想吃爸爸买来的蛋糕** tā xiǎng chī bàba mǎilai de dàngāo
　（ミミは）パパが買ってきたケーキを食べたい
2. 咪咪 Mīmi ミミ／**它想吃爸爸买来的刺身** tā xiǎng chī bàba mǎilai de cìshēn
　（ミミは）パパが買ってきた刺身を食べたい
3. 咪咪 Mīmi ミミ／**它想吃爸爸买来的烤鱼** tā xiǎng chī bàba mǎilai de kǎo yú
　（ミミは）パパが買ってきた焼き魚を食べたい
4. 我 wǒ 私／**感冒了，不能去上课** gǎnmào le, bù néng qù shàngkè 風邪をひいて、
　授業に行けない
5. 我 wǒ 私／**电车出事故了，不能回家** diànchē chū shìgù le, bù néng huí jiā
　電車の事故が起きて、帰宅できない
6. 我 wǒ 私／**起晚了** qǐwǎn le 寝坊した

【2】 1. <u>**咪咪很着急，因为它想吃爸爸买来的蛋糕**</u>。Mīmi hěn zháojí, yīnwèi tā xiǎng
　　　 chī bàba mǎilai de dàngāo. ミミは大変焦ってしまった、なぜなら<u>パパが買っ
　　　 てきたケーキを食べたかったから</u>。
　　 2. <u>**咪咪很着急，因为它想吃爸爸买来的刺身**</u>。Mīmi hěn zháojí, yīnwèi tā xiǎng
　　　 chī bàba mǎilai de cìshēn. ミミは大変焦ってしまった、なぜなら<u>パパが買って
　　　 きた刺身を食べたかったから</u>。
　　 3. <u>**咪咪很着急，因为它想吃爸爸买来的烤鱼**</u>。Mīmi hěn zháojí, yīnwèi tā xiǎng
　　　 chī bàba mǎilai de kǎo yú. ミミは大変焦ってしまった、なぜなら<u>パパが買っ
　　　 てきた焼き魚を食べたかったから</u>。
　　 4. <u>**我很着急，因为感冒了，不能去上课**</u>。Wǒ hěn zháojí, yīnwèi gǎnmào le, bù
　　　 néng qù shàngkè. <u>私</u>は大変焦ってしまった、なぜなら<u>風邪をひいて、授業に
　　　 行けなかったから</u>。
　　 5. <u>**我很着急，因为电车出事故了，不能回家**</u>。Wǒ hěn zháojí, yīnwèi diànchē
　　　 chū shìgù le, bù néng huí jiā. <u>私</u>は大変焦ってしまった、なぜなら<u>電車の事故
　　　 が起きて、帰宅できなかったから</u>。
　　 6. <u>**我很着急，因为起晚了**</u>。Wǒ hěn zháojí, yīnwèi qǐwǎn le. <u>私</u>は大変焦ってしまっ
　　　 た、なぜなら<u>寝坊したから</u>。

入れ替え後の文

第1章「7. 会話」で説明した音読に挑戦してみましょう。ここでは以下の2つに取り組みます。文章はp.86-87に掲載したものです（日本語訳はp.87をご覧ください）。

（1）以下の文章を見ながら音声を聞きます。聞き終わったら音声の再生を止めて、すぐに声に出して読みます。文1つずつ行いますが、初めて取り組む人は長くて難しいと感じるでしょう。必要に応じて「,」「、」などで音声を止めて、音読をしてください。

（2）以下の文章を見ながら音声を聞きます。同時に、音声を聞きながら声に出して読みます。（1）と同じように、必要に応じて「,」「、」などで区切って、音声を聞きながら音読をしてください。

学　外语
Xué　wàiyǔ

学　外语　有　很　多　门，　从　哪儿　都　可以　进来。
Xué　wàiyǔ　yǒu　hěn　duō　mén,　cóng　nǎr　dōu　kěyǐ　jìnlai.

但　有　没有　捷径?
Dàn　yǒu　méiyǒu　jiéjìng?

只有　走出去　的　人　才　知道。
Zhǐyǒu　zǒuchūqu　de　rén　cái　zhīdao.

通向　终点　的　路，　有　长　有　短，　有　宽
Tōngxiàng　zhōngdiǎn　de　lù,　yǒu　cháng　yǒu　duǎn,　yǒu　kuān

有　窄，　有　缓　有　急，　有　曲　有　直。
yǒu　zhǎi,　yǒu　huǎn　yǒu　jí,　yǒu　qū　yǒu　zhí.

路上　的　辛辛苦苦、　欢欢喜喜，　时时刻刻　陪伴着　你。
Lùshang　de　xīnxīnkǔkǔ,　huānhuānxǐxǐ,　shíshíkèkè　péibànzhe　nǐ.

每　个　学会　外语　的　人　都　有　自己　的　路，　是
Měi　ge　xuéhuì　wàiyǔ　de　rén　dōu　yǒu　zìjǐ　de　lù,　shì

靠　辛勤　的　汗水　和　丰富　的　想像，　一　步　一
kào　xīnqín　de　hànshuǐ　hé　fēngfù　de　xiǎngxiàng,　yí　bù　yí

步　走出来　的。
bù　zǒuchūlai　de.

第**4**章

インタビュー

中国語を学ぶ！ 生かす!
4人が語る経験談

中国語を学び、仕事などに生かして
いる4人が登場。なぜ中国語を学ぼ
うと思ったのか、どのように学んだ
のか、そしてどのように生かしてい
るのか ──、異なる分野で活躍する
4人に聞きました。

01 三遊亭 楽生さん

● 落語家

中国で遅めの「青春」を過ごし、がむしゃらに中国語を学んだ三遊亭楽生さん。日本とは異なる常識、価値観、生活習慣に触れた中国に、深い愛着と居心地の良さを感じるそうです。落語を通じて日中の相互理解を深めるべく、精力的に活動する楽生さんの夢や、効果があった中国語学習法などについて伺いました。

—— 楽生師匠は落語家になられてから中国に留学されたと伺っています。

そうなんです。19歳で入門したときから、師匠（故・三遊亭円楽さん）に「ゴールを見据えろ」とよく言われていました。落語ではゴールが引き立つために何をしゃべるのか、どんな入口から入るのか、というような構成を考えるのですが、人生についても同じだと。それで先々の計画を立てる習慣が身に付いて、「これから約60年、落語家としてやっていくなら、途中で1年くらい外国語を覚えるのに時間を使ってみたい」と思うようになりました。

—— そのタイミングが落語家になられて10年目だったのですね。

はい。前座、二つ目と来て、真打ちに昇進するまでまだ少し時間があるときがちょうどいいかなと思いました。20代のうちに行きたいという思いもありましたし。それが結果的に2006年になりました。

—— 中国語を選ばれたのはなぜですか。

知人やお客さんに相談したら、みな口をそろえて「留学するなら中国だ」と言うんです。歴史が長いし経済大国だし、国土が広くていろんな暮らしを見られるよ、などとたくさん

三遊亭楽生
（さんゆうてい・らくしょう）

埼玉県生まれ。高校卒業後、故・六代目三遊亭円楽に入門。二つ目昇進後、2006年から1年間、中国語習得のため上海と北京に留学。2008年3月に真打ち昇進。現在は定期的に独演会、話し方の勉強会を開くなど精力的に活動。

理由を挙げてくださって。私が貯めた150万円で1年間留学できるというのも大きなポイントでした。

上海でクラスメートたちと乗馬を体験

── 上海から始まった留学生活はいかがでしたか。

　楽しすぎました（笑）。なにせ、私にとって人生初の大学生活でしたから。

── 留学前に中国語の勉強はされていたのですか。

　直前の2、3カ月、単語だけでも覚えていこうと思ってグループレッスンに参加したんですが、正直、それほど効果はなかった気がします。書いて覚えることに終始してしまったのがよくなかったかな、と。

── では実質、上海でゼロからのスタートだったのですね。

　はい。少しでも先取りしたくて東華大学の夏期講習に申し込みました。マンツーマンのクラスでした。先生は日本語が分からず、僕は中国語が分からず、結果、英語で教わることになってしまって。初めのうちは日本語を話さない、と決めてなんとか頑張っていたんですけど、どこで何が食べられるかもよく分からなくて、日本から持参した缶詰に頼っていたらどんどん痩せちゃって。もう無理、と思って日本語の分かる先生に相談したんです。そこでやっと学食の存在や、日本食の食べられるエリアが分かって、食堂での注文など簡単な表現も覚えました。

── 留学中は落語家としての活動はお休みされていたのですか。

　忘れないように、月に1回くらい落語会に参加していました。現地在住の日本の方が「日本では落語なんて聞いたことなかった」と言って喜んでくださって。そうこうするうちにお客さんと親しくなって、飲み会に誘っていただくようになって、授業を休みがちになってしまったんですが（笑）。

── 相互学習をされていたと伺いました。

　はい。歌舞伎とか能、狂言のことを質問されたことを覚えています。中国の人が歌舞伎に詳しくて驚きました。中国語を勉強している日本人は、『三国志』など

中国のことについて話したがるんですけど、中国をはじめ外国の人が日本人と話したいのは、日本のことなんですよね。伝統芸能に限らず日本の料理、電車、なんでもいいんです。留学生は一番の観光大使だと思うので、日本から留学する人は日本についてもっと知っておくべきだと思いました。

埼玉・川越の講演会で。「伝わるコトバ、響くコトバ」というテーマで話し方を伝授

実力の伸びを実感した北京語言大学での授業

—— 上海から北京に移られたのはなぜですか。

　上海で楽しくなりすぎて、学校にあまり行かなくなっちゃったんですよ。「これじゃ（東京の）新橋と変わらないじゃないか、やっぱりちゃんとやろう」と気持ちを入れ替えて北京に行くことにしました。

　北京は街の規模が大きくて、大学エリアから気軽に遊びに出かけられるところがなかったんです。周囲の人に落語家だとは明かさず、ひたすら勉強に集中しました。北京語言大学を選んだのは、留学生仲間であそこはすごいと評判だったからです。やる気満々でそこに決めたわけではないんですが、やる気にさせられました（笑）。なにせ8時から12時まで授業で、昼休みをはさんで午後も4時まで授業。宿題も発表の準備やら作文やらがあって、毎日夜の10、11時ごろまで勉強していました。

　先生は外国人に中国語を教えるプロ集団、という感じでしたが、フレンドリーないい方たちばかりでしたよ。生徒と先生とでボーリングに行くなど、楽しい思い出が残っています。

庭園「豫園（よえん）」。上海の代表的な観光スポット

—— そんな暮らしをしていたら、中国語力もグンと伸びそうですね。

　寝ても起きても中国語の「シャワー」を浴びているようなものですからね。中国に行って半年を過ぎた頃だったかな、それまで雑音にすぎなかったラジオの音が、突然、言葉として聞き取れたんです。「あ、今天気の話をしてるな」と分かって。この頃から、モヤモヤして

いた霧のようなものが晴れる感覚で、単語が耳に入ってくるようになりました。このときのうれしさは今でも覚えています。

聞いて覚えることの効果

―― 楽生師匠にとって効果があった勉強法を教えてください。

実は落語家としての経験が役に立ったんです。3、40分話すための文章を、耳で聞いて覚える訓練を19歳からしてきました。師匠からは「書いて覚えるな、聞いて覚えろ」と言われていて、それは耳で覚えると、抑揚や間の取り方も含めて覚えられるからなんですね。中国語も、耳で覚えると四声の微妙な違いも身に付きますし、すごくいいと思います。さらに言うと単語ごとに覚えるよりも、フレーズごと覚えれば、通じやすくておすすめです。

> 落語は耳で聞いて覚える。
> 19歳から続けるこのやり方が
> 中国語学習でも役立ちました

「学ぶ」「生かす」

中国語の履歴

2006年春　中国語のグループレッスンを受ける
2、3カ月、数人でレッスン。少しでも単語やフレーズを覚えて留学に備えようとするも、効果はいまひとつ。

2006年7～12月　上海の東華大学で学ぶ
最初は食事など生活面で苦労するも次第に慣れ、秋以降は相互学習や南京、青島などへの一人旅を経験。

2007年2～7月　北京語言大学で学ぶ
勉強に専念するため、北京に引っ越す。速成班（インテンシブコース）のハードな授業が功を奏し、ラジオが少し聞き取れるなど実力の伸びを実感。旧HSK5級を取得。

2007年～現在　帰国後、中国語での落語会を主催
帰国後約3年間、日中学院に通学。中検3級を取得。中国語圏の観光客向けに、中国語での落語会を開催するも、残念ながらコロナ禍のため中断。

—— 耳で聞いて覚えるのに、コツのようなものはありますか。

　音声の情報は、頭の中で映像化できないと理解できない、覚えられないんです。母語でも耳で聞いた情報を覚えるのにはそれなりのコツが必要です。まずは日本語で百人一首とか落語とか、覚えてみてもよいかもしれません。覚える訓練をしてから中国語に取り組むのもいいと思います。

活動の分野は幅広く、2022年には東京マラソンを完走

—— 落語家として上手に話すコツも教えていただけるとうれしいです。

　話す技術と読み書きの技術は別なんです。スピーチでも、原稿がどんなにうまく書けていても、うまく話せなければメッセージが伝わらないですよね。

　話す訓練について、僕らは「守・破・離」という言葉を使います。まず「守る」、次に「破る」、そして「離れる」。最初はまねをする、コピーする対象を作るのがいいですよ。先生が話すのが上手な方であればまねをしてもいいし、YouTubeで良いスピーチを探してもいいと思います。「守」ではとにかくまねる。「破」ではその型を破る、そして「離」では自分の色を作り始める。そういう訓練を経ると、話し上手になるのではないでしょうか。

中国に落語の種をまきたい

—— 留学から戻られた後も学校で勉強されたり、中国語で落語会を催されたりしていますね。今、中国語について目標はありますか。

東京の中国語学校、日中学院の文化祭で

　相手が何を言っているのかが分かる、そして僕の言っていることが相手になんとなく伝わるっていうことでいいのかなと思うようになりました。例えば、10語からなる中国語の文章を1語1語、完璧に聞き取ろうとする日本人が多いですけど、全部分からなくても、意思疎通ができればいいと思うんです。これから学ぶ人には、例えば「中国の人

と1年以内にこんなことを話したい」という明確な
目標を持ってもらいたいですね。

―― 今後、目指していることがあれば教えてください。

　遠い未来の話かもしれませんが、中国の人に落語
をやってもらいたいなと思っているんです。まずは
日本にこんな一人芝居の芸能があるということを知っ
てもらって、落語を通じて日本人をもっと理解して
もらえたらうれしいなと。そしてゆくゆくは中国の

四川料理の祭典「四川フェス」で。会場内
で放送するラジオ番組のMCを務めた

人に落語をやってもらって、中国で広めてもらいたいんです。僕の使命は、うち
の師匠から教わったものを次の世代に届けることなので、もちろん日本での継承
も大切ですが、その一方で中国でも少しずつ、落語の種のようなものをまいてい
きたいですね。

樋口 裕子さん

●通訳・翻訳者

古代中国へのあこがれがきっかけで中国を訪れ、現代の中国にも強い関心を抱くようになった樋口裕子さん。中国に携わりたいという思いに突き動かされ、興味の赴くまま「今できること」に全力で取り組んできたといいます。字幕翻訳と通訳を中心に中国語のプロフェッショナルとして多忙な日々を送る樋口さんに、キャリアの軌跡や中国の魅力を伺いました。

—— 樋口さんは子どもの頃から日本や中国の歴史がお好きだったそうですね。

えっ、司馬遼太郎や柴田錬三郎の作品をよく読んでいました。漢詩も好きでしたね。音とリズムがすてきだな、と思って。その流れで大学では東洋史を専攻して、司馬遷の『史記』や魯迅の文学などを読んでいました。

—— 学生時代は熱心に中国語を勉強されたのですか。

第二外国語として基礎的な勉強をする程度です。中国の歴史の世界へのあこがれは強かったのですが、中国語自体には当時、それほど興味がなかったんです。会話の授業もありませんでしたしね。大学3年生の終わり、1979年に初めて中国に行ったのですが、本腰を入れて勉強し始めたのはその後からです。

—— 初めての中国ではどのような印象を受けましたか。

友達が誘ってくれた「友好訪華団」という中国への学習・観光ツアーに参加して、西安、蘭州、長沙などを訪れました。とにかく群衆のパワーに圧倒されましたね。それまで歴史の世界で親

樋口裕子（ひぐち・ゆうこ）

三重県生まれ。1985年から2年間、北京に留学。帰国後は主に映画分野での通訳・翻訳者として活躍。早稲田大学非常勤講師。字幕翻訳作品は『芳華-Youth-』『ブラインド・マッサージ』『王妃の紋章』『サタデー・フィクション』『狙った恋の落とし方。』ほか多数。著書に『懐旧（レトロ）的中国を歩く』、訳書に『藍色夏恋』『上海音楽学院のある女学生の純愛物語』『侯孝賢と私の台湾ニューシネマ』などがある。

北京大学の学生寮の前でクラスメートたちと

しんでいた中国だけれど、今は全然違うんだな、と衝撃を受けました。帰国後に現代の中国について書かれた本も読むようになって、文化大革命に関心を持つようになったんです。ああいう厳しい時代を生き抜いた人たちがいるんだな、と。

—— 帰国後はどのように中国語を勉強されたのですか。

　もっと話せるようになりたいと思って、週に2回くらい会話の学校に通うようになりました。留学したいという思いはこの頃からあって、大学卒業後も就職はしなかったんです。昼間は日本国際貿易促進協会という、中国貿易関係の団体でアルバイトをして、夜は中国語研修学校に通って中国語の勉強を続けました。

—— そして85年から北京に留学されるのですね。

　はい。日中友好協会の推薦留学試験に合格して北京大学に留学しました。文学の授業を聴講したり、中国語のコースを受講したり、そしてとにかくたくさん旅行しましたね。普通の人なら人生設計のようなものを考える年頃だったと思うのですが、私は行き当たりばったりの生き方で、今何ができるかということだけを考えていました。

1つの仕事から次の仕事がもたらされて

—— 2年の留学を終えた後は帰国されて、中国語を教えたり、通訳や翻訳のお仕事をされたりしたのですね。

　中国に関係のあることをしたい、とは思っていましたが、語学の専門職を目指していたわけではありません。当時は90年代の初めで、仕事で日本から中国に行く人が増えてきた頃だったんです。私自身も以前に通っていた中国語学校で教えていたのですが、やる気のあるビジネスマンの生徒が多かったですよ。

—— 映画祭での通訳のお仕事がきっかけで、次第

北京留学時代、旅行で訪れた蘇州の水路で

『最後の貴族』(1989年) 公開に合わせて来日した
謝晋監督、女優の潘虹さん (右)、通訳の大先輩であ
る森川和代さん (左から2人目) と

にスタッフや俳優の通訳、字幕翻訳のお仕事もするようになったと伺っています。

それらに加えて中国に関する文章を書く仕事や、大学で教える仕事もしているのですが、どれも満点とは言い難いんです (笑)。どうしてそんなにいろんなことをしているの、と聞かれることがあるのですが、私自身、それが楽しいからなんです。

通訳をしていたら本の翻訳や映画祭の仕事を頼まれて、そして映画祭の仕事から、字幕制作会社の方に声を掛けていただきました。字幕翻訳をした作品のスタッフが来日したら、その通訳を頼まれることもあります。こうして自然に多方面に仕事が増えていったのはよかったと思っています。家で翻訳に集中して、というような生活は私には向いていないでしょうから。

映画『CEO』の呉天明監督 (右)、ハイアールの張瑞敏
CEOと

「学ぶ」
「生かす」

中国語の履歴

1976 ～ 80年　早稲田大学で東洋史を専攻
中国語は第二外国語で学ぶ。3年生のときに2週間、中国を訪れ、現代中国に興味を覚える。

1985 ～ 87年　北京大学に留学
大学卒業後も中国語の勉強を続け留学に備える。留学中は現代文学と中国語を学び、各地に旅行に出掛けた。

1987 ～ 2000年　中国語教師、通訳、翻訳の仕事に携わる
映画祭で中国人監督の通訳を務めたのをきっかけに、次第に字幕の仕事が増える。

2000年 ～ 現在　映画の字幕翻訳を中心に、通訳者や大学講師として活動
字幕翻訳を担当した作品のスタッフ・俳優が来日した際、通訳を務めることが多い。

2009年東京フィルメックスで、ロウ・イエ監督の通訳を務める

深い作品理解なしにはできない字幕翻訳

── 樋口さんの早稲田大学での字幕翻訳の授業はとても人気があるそうですね。

　興味のある人が多いみたいです。今はさまざまなチャンネルや配信サービスで映画やドラマをはじめ、字幕付きのコンテンツが多く提供されていますから、仕事のチャンスも多いと思います。特にドラマなど時間の長い作品は、複数人でチームを組んで字幕を制作するので、初心者に向いているのではないでしょうか。

── 樋口さんもチームで字幕制作にあたられることがあるのですか。

　私は最初から最後まで自分の言葉のセンスで統一できる映画の字幕のほうが向いているようです。2、3時間の作品であれば大体一人で担当しています。ほかの人がどう訳すかを気にする必要がないところがいいですね。

── 字幕翻訳で大変なのはどんな点でしょうか。

　時間との闘い、という点でしょうか。映画祭の場合、ぎりぎりまで素材が届かないことが多いので、1週間くらいで集中的に仕上げることがほとんどです。あとは5秒のせりふの中で3つの要素があったとしたら、どの要素を選ぶか翻訳者が決めなければならないことですね。その選択次第で映画のニュアンスが変わってくるので、責任重大です。それでもなんとか仕上げて映画館に見に行って、大丈夫だと確かめられたら、ほっとします。

── 字幕翻訳の醍醐味は？

　作品をしっかり把握しないと字幕は作れないので、脚本の理解を深めるよう、最大限努力します。字幕翻訳をしなければ分からないようなことまで掘り下げるのはすごく楽しい作業です。そして字幕の完成後に中国や台湾から来日する監督の通訳を自分が担

『侯孝賢と私の台湾ニューシネマ』（2021年、朱天文著、樋口裕子・小坂史子訳、竹書房）

2022年東京フィルメックス、蔡明亮監督の質疑応答はコロナ禍のためマスクをして通訳

当できると、その作品に対して自分なりに完結できたように思えるんです。そのときにすごく充実感を感じますね。

プロになった今、中国語を学ぶ場

—— 長年、通訳、翻訳のお仕事をされていますが、今でも中国語を勉強されることはありますか。

　通訳や字幕翻訳は仕事の中で勉強していかざるを得ないので、改めて何かのレッスンを受けるようなことはしていません。ただ唯一、自分に課しているのは文学を読むことですね。

—— 中国語で小説を読んでいらっしゃるのですか。

　はい。『人民文学』という中国作家協会が出版している文芸雑誌を読んで集まる勉強会があるんです。ひと月に1回、10人程度が参加するのですが、もう40年以上続いている歴史ある会なんですよ。現代中国をリアルに描いた面白い作品が増えていて、読後に皆で意見を述べ合うのはとても楽しいです。ジャーナリズムからは伝わってこない世界が見える面白味もあります。読むのは大変ですが、参加者の負担を軽くするために短編に限定しているので、なんとか続けられています。

—— 今後、取り組みたいお仕事などはありますか。

　映画の字幕翻訳と通訳はこれまでどおり続けたいですね。あとは中国文学について、莫言や余華などの大御所だけでなく、身近なことを書いている若手作家の作品を日本に紹介できたらいいな、と思っています。

語学を習得するには感情の伴った言葉をまねるのが効果的

―― 中国語を学ぶ人へのアドバイスをいただけますか。

中国語に限らず語学を習得するには、まねが一番効果的だな、とつくづく思います。以前、通訳をしたある日本の俳優が、ドラマの中で中国語のせりふを全部自分で話して、怒ったり泣いたり、という感情もぴったり合っていて素晴らしかったんです。どうやって勉強したのか聞いてみると、ドラマ好きの中国人に吹き込んでもらったせりふの音声を何度も聞いてまねしたそうです。これを聞いて、やっぱり感情の伴った言葉をまねるのが一番大事だと思いました。

台湾巨匠傑作選2023のトークショー／
写真提供：オリオフィルムズ

「推し」の俳優がいたら、ドラマに出てくるその人のせりふだけでも何度も繰り返してみるのはどうでしょう。そうすると、ある程度、身に付きますよ。メールの中国語も、中国人が使う表現をまねするのがおすすめです。別の人にメールを送るときにまねをした表現を使うといいのではないでしょうか。

久保 善靖さん

● 会社員

仕事で必要となり、40代でゼロから中国語を学び始めた久保善靖さん。「1年で中検3級に合格すること」と会社から課題を与えられ、仕事の傍ら日中学院に通学し、受験生さながらの生活を送ります。中国人とのオンライン会議など実践の場に恵まれ、先生も驚くほどの速さで中国語を身に付けた久保さんの、学びの秘訣に迫ります。

—— 久保さんは化学がご専門なのですね。

はい。現在の勤務先に入社後、研究所の基礎研究部門に配属され、新しい機能の開発を行っていました。化合物の合成が専門だったので、新しい機能をもった材料や成分を合成し、新製品などに生かす、といったアプローチの研究に約10年間携わっていました。

久保善靖（くぼ・よしやす）

静岡県生まれ。大学・大学院で工業化学を専攻。2002年ライオン株式会社入社。基礎研究部門などを経て、現在は北東アジア事業本部中国事業部所属。2021年より日中学院で中国語を学ぶ。

—— 理系のご専門、お仕事で、語学学習とは無縁だったのでしょうか。

英語で論文を書いたり発表したり、という機会はあるので、社会人になってからも必要に迫られて英語には触れていました。参考書を買って独学で、論文を書くために必要な英語を勉強していました。

—— 中国語の学習を始めたきっかけは何だったのですか。

これも仕事が理由です。研究職から事業側の業務に異動したくて、30歳の頃にMBAを取得したんです。その後、希望がかなって海外の関連会社と仕事をするようになり、5年前に中華圏の担当になりました。初めのうちは香港や台湾がメインだったので英語や日本語で事足りていたんです。それが2020年に

中国が業務の中心になり、中国語が必要になりました。会社としても中国事業に力を入れたいということで、担当社員6人で中国語の特訓を受けるという指示が出ました。

日中学院で学び始めた当初の教材（「新・学漢語3」校内試用版／日中学院教材研究チーム編著）

急ピッチでたたき込んだ基礎力

―― その6人の方は、全員、中国語初心者だったのですか。

いえ、完全にゼロからスタートするのは私だけでした。ほかのメンバーは大学で少し勉強していたり、以前中国語圏に駐在していたり、と多少の経験がありました。

6人とも同じクラスで、最初の3カ月は週3回、1回2時間の授業に通いました。そのあとは週2回になりました。先生は中国人と日本人が1人ずつです。毎回宿題が出るのですが、完全な初心者だった私は分からないことだらけで、毎日勉強していた記憶があります。授業のある日はへとへとになり、授業のない日は宿題と復習ばかりしていました。とにかく先生方を信じてついていくしかない、と必死でした。

―― それだけ一生懸命取り組まれたら、進歩も速かったでしょうね。

仕事で中国人とのオンライン会議がよくあるんですが、授業で習った中国語をすぐに試せたのはよかったです。業務内容は無理でも、雑談レベル、例えば食べ物や趣味の話などは気軽にできるので。文法が正しいかどうかは怪しいですが、話すと中国の方も喜んでくれるので、積極的に口に出すようにしていました。

―― 学校の授業はどのような内容でしたか。

最初は、四声や母音・子音の発音練習やレストランで注文する、というような簡単な会話です。だんだん会話表現が増えて、文法を一通り学ぶと、次第に政治や文化に関する文章を読んで訳す、というような内容が増えました。最近では主に仕事で使えるフレーズ、例えば電話の応対やアポ取りの表現など

上海の代表的な庭園「豫園」で

2023年8月に初めて中国に出張。上海の外灘で

を学んでいます。あとは3分ぐらいの中国語の音声だけを聞いて、音声から文を書くというディクテーションをしています。その答え合わせをした後に、1分ぐらいに要約した内容を何も見ないで発表する、という練習もあります。

山あり、谷ありの中国語習得

—— 中国語について苦労されたのはどんなところですか。

最初の3カ月が本当にきつかったです。漢字なのに読めない（笑）！ ピンインが書いてあっても、そのピンインの読み方が分からなくて。最初は週3回、無理やりたたき込んでもらったので、3カ月くらいたつとその難所を越えてなんとかなりそうな気がしてきました。

その頃から文法の勉強が中心になるので、そうなると腹をくくって覚えるしかないですよね。英語の勉強と同じです。漢字はもともと苦手で、今でも苦労しています。ひたすら書くしかないんですけどね。ただ、先生からは、話せるようになるには、声に出すことが第一優先と教えていただいています。口から勝手に出てくるようにならないと、すらすらと話せるようにはならないそうです。

—— 1年で中検3級に合格するのが社命だったそうですね。かなりのハイペースですね。

はい。先生が「この文法事項についてはこの1文だけ覚えておきなさい」といったキーポイントを教えてくださるので、それを信じていました。文法が曖昧になってしまっても、その例文を口から自然と出るまで練習して覚えていると、テスト中に思い出せるので、とても助かりました。

もともと、私は課題を与えられるとなんとかやり切るタイプです。自由にどうぞ、と言われると何もしないんですけど……。とにかく学校の教材に頼り切って、渡された音声教材をひたすら聞いて声に出していました。検定試験の対策本にも音声が付いていて、受験前はそれを速めに再生、例え

1分間スピーチの原稿（右）と応用課程の教材（『知ってる？今の中国〜衣食住遊〜』(山下輝彦・路 元著、朝日出版社刊)

ば1.5倍速などにして聞いていました。速くて難しいんですが、その速さで聞くのに慣れたり、自分でも少し話してみたりして、とにかく慣れようと思って。先生から「耳がいいね」と褒めていただいたことがあるのですが、もしかすると、使っていた教科書のおかげもあ

上海に駐在する同僚と飲み会

るかもしれません。漢字のない、ピンイン表記だけの教科書をよく使っていたんです。漢字を気にせず、発音と耳から聞こえる音に集中できる、という意味で効果があったのかもしれません。

　あとは先生の中国語やテレビのニュースなどで流れる中国語を、文字と音が認識できているか意識しながら聞くようにしています。書くよりも聞くほうが得意で、テストではヒアリングのほうがスコアが高いんです。

—— 勉強時間の捻出は難しくないですか。

　家族が寝静まってから、夜中に勉強しています。あとは通勤路の一部を運動のために40分ほど歩いているんですが、そのときに、習ったフレーズをぶつぶつ口に出しています。コロナ禍ではマスクをしていたので、人目を気にせず練習できました。中検やHSKの受験直前は、学校の授業のほかにテストの過去問題を

「学ぶ」
「生かす」

中国語の履歴

2008年	MBA取得。本社スタッフ部門を経て海外事業部門に

MBA取得の数年後、本社スタッフ部門で海外業務に携わり、次に海外事業部門に異動。月1、2回香港や台湾に出張し、英語と日本語で仕事をこなす。

2020年	業務の中心が中国になる

中国語が必要になり、2021年秋から日中学院に通い始める。最初の3カ月は分からないことだらけで苦労する。

2022年	春に中検4級、秋に中検3級に合格

「1年で中検3級合格」という当初の目標を達成。この頃、中国語を理解できた実感があり、学習がスムーズに進むようになった。

2023年	春にHSK4級に合格

8月には初めての中国出張で上海を訪れる。

解いたりして、仕事以外の時間はすべて中国語の勉強に使っていた気がします。

中国生活に向けて取り組みたいこと

—— **中国語力の成長を自覚されたタイミングはありましたか。**

HSK4級、中検3級の合格証

　勉強を始めて1年くらいたったときでしょうか、中検3級に合格した頃、なんとなく文法の感覚が腑に落ちたというか、分かった気がしてうれしかったですね。中国語ってこうなってるんだ、と理解できている感じがしたんです。私は理系の人間なので、文法もどうしても構造的に理解したいと思ってしまうんです。それが頭に入ると暗記もしやすいし、なるほどと納得しながら勉強できるようになりました。

—— **会社から課されていた中検3級にも見事合格した今、学習上のモチベーションは何でしょうか。**

　出張や駐在で使えそうなフレーズ、ビジネス中国語が教材によく出るようになったので、それを身に付けたいです。文法的にはこれまで学んできたことの範囲内なのですが、ビジネス表現が読んで分かるだけでなく、すぐに口に出てくるようになりたいんです。オンライン会議はもちろん、増えてきた出張で使いたいシーンが頻繁にあるので、それがモチベーションになっています。

**語学学習は楽しむのが一番。
今後は会議の中国語が
分かるようになりたい**

—— **今後、チャレンジしたいことはありますか。**

　現地の人の生活に密着するのが好きなので、市場やスーパーなどで普通に話せるようになりたいですね。地元の人に溶け込んで暮らしている駐在員の先輩がいて、あんなふうになれたら、とあこがれています。仕事面では、今後は会議の中国語が分かるようになりたいです。業績に関する表現、貿易に関する表現など、まだまだ歯が立たないのですが、そういったことが分かるようになって、中国語で言

い返せるくらいになれば、相手に信用してもらえる
んじゃないかと期待しています。

―― これから中国語を勉強する人に、何かアドバイ
スをいただけますか。

　語学学習は楽しむのが一番いいと思います。一生
懸命勉強して文法を頭に入れるというよりも、丸ご
と覚えて話す、それが通じてうれしい、というほう
がやる気が出ます。話す練習を初期の頃にたくさん

上海出張で訪れた展示会場で

すると、最初の壁を突破できて楽しくなってくるんじゃないかと思います。

04 室岡 久美子 さん
• 日中文化交流事業担当スタッフ

卒業旅行で偶然訪れた中国でその魅力にはまり、以来、中国と日本を行き来しながら中国語を学んできた室岡久美子さん。留学や通訳、翻訳の仕事を経て、自身の強みを発揮できるのは日中の共同事業や文化交流の場だと気付かれたそうです。そんな室岡さんに中国語学習の経験や効果的な中国語の学び方などを伺いました。

—— 中国語圏を初めて訪れたのは大学を卒業される直前の旅行だったそうですね。

はい。1996年3月でした。友達と香港に旅行して、足を延ばして深圳（しんせん）にも行きました。当時、中国語はまったく分からなかったんですが、中高生のときに先生の影響で漢文が好きになったんです。それで漢文を書いて街の人とコミュニケーションができて、楽しかったことを覚えています。

室岡久美子（むろおか・くみこ）
島根県生まれ。1から10歳まで山口県で育ち、その後、東京へ。出版社勤務を経て北京に語学留学。修了後は現地で就職。2009年6月に帰国後、通訳・翻訳の仕事のほかに、国際交流基金での勤務も経験する。

—— その旅行から帰国後、中国語の勉強を始められたのですか。

帰国してすぐ、まずはNHKテレビの中国語講座を見始めました。3、4年は見たでしょうか。当時の番組で「40のフレーズを覚えて中国に行こう」というような企画があって、それを真に受けて40フレーズをマスターしたんです。そのあと中国に旅行に行ったら結構通じて、「私、中国語できる！」とうれしくなりました。

—— 当時のお仕事は中国に関連した業務だったのですか。

いいえ、まったく。新卒時は出版社に就職して忙しくしていたのですが、どんどん中国語の勉強にのめり込んで、もう少し仕事以外の時間もとれる職場に転職したんです。卒業後4、5年たった頃です。そうして夜、社会人

向け中国語講座に通うようになりました。北京に2週間、短期留学したのもこの頃です。

「日本・中国青年親善交流事業」参加時、雲南省の少数民族の学生と（中央が室岡さん）

—— その後、内閣府の「日本・中国青年親善交流事業」に参加されたと伺っています。

はい。公募で集まった約30人の日本人が中国各地の学校や企業などを見学して、現地の青年と交流を持つという事業でした。2、3週間かけて、北京、湖南省、雲南省、広州、深圳などを訪れたのですが、同行していた日本、中国双方の通訳者の仕事ぶりがとても印象に残っています。

—— それで中国語の勉強にもさらに力を入れるようになったのですね。

通訳者や翻訳者になりたいという気持ちはなかったのですが、中国が好きで、もっと知りたい、もっと理解したい、もっと中国語が話せるようになりたいと思いました。それで東京に戻ってから日中学院に通い始めたんです。

友人の後押しで決まった北京留学

—— どんな授業内容でしたか。

ピンインの読み方、つまり基礎からしっかり勉強しました。社会人で同世代の生徒も結構いて、皆仕事のあと授業に来て、帰りに居酒屋に寄る、ということを週に3回していました。週末もよく一緒に中国語関連のイベントに行っていましたね。あとは日中学院の隣に中国人向けの学生寮があって、そこの学生と相互学習もしていました。

留学時代、新疆を夜行バスで旅行したとき

—— その後の留学を意識して勉強されていたのですか。

いえ、実は留学にはそれほど積極的ではなかったんです。留学経験がなくても中国語がとても上手な先生がいらして、その方を目標にしていたこともあったので。ただ、相互学習をしていた学生さんが「日本でできることはもうやったんだから、中国語で生活する環

北京大学の西門の前で

境の中で完成させないと」、と背中を押してくれて、大学や住居など、全部手配してくれたんです。

―― 北京大学では外国人向けの中国語コースを受講されたんですね。

はい。日中学院の友達も留学している人が多くて、とても楽しかったです。でも授業はハードでした。文章を暗記したり、ディベートをしたり、という内容で、授業自体は半日なのですが、それ以外の時間も翌日の準備に追われるような毎日でした。

―― 1年間、そのような留学生活を送られた後、北京で就職することにされたのはなぜですか。

中国語での実務経験がほしくて就職活動をしました。なかなか決まらず苦戦したのですが、最後に日本語のできる中国人向けの求人を友人が教えてくれて、思い切って応募したら採用されたんです。

―― どんなお仕事でしたか。

日系企業の総務です。基本的には中国人スタッフばかりだったのですが、時々

「学ぶ」「生かす」

中国語の履歴

1996年3月 卒業旅行で香港、深圳を訪れる
中国語に興味を覚え、帰国後勉強を始める。仕事の傍ら2000年夏には北京に短期留学。2002年には内閣府の「日本・中国青年親善交流事業」に参加。

2003 ～ 2005年 日中学院で基礎から学ぶ
週に数回通学しながら、留学生と相互学習もする。

2005 ～ 2006年 北京大学に留学
ホームステイしながら上級クラスで1年間学ぶ。その後3年間、北京の日系企業に勤務。中国人の同僚に囲まれ、語学力が最も伸びた時期。

2010年 ～ 現在 国際交流基金で日中交流事業に携わる
3～5年契約で日中文化交流事業などに携わる。任期以外の期間には通訳、翻訳の仕事をこなす。2015年には通訳案内士の資格を取得。

国際交流基金主催の日中大学生交流イベントの会場（福建省アモイ）

日中大学生交流イベントであいさつする室岡さん

日本人社員が来て数日滞在するので、その人の秘書業務をすることもありました。中国人の社長のアシスタントをやったこともあります。

―― 中国人に囲まれて大変だったのでは？

　言葉が分からないときは日本語ができる中国人のスタッフが助けてくれました。日本と中国双方の間で調整が必要なケースはよくありました。日本人社員が意図をはっきり言わなくて中国人社員にきちんと伝わらず、中国側が困惑するというようなパターンです。そんなときは私が間に入って、「本当はこういう意味なんです」と伝えていました。日本人同士によくある婉曲な表現は、良かれと思って言っていても、外国人に対しては逆に分かりにくくて不親切になります。シンプルにはっきり言うほうが親切です。

日中の交流事業で経験を積む

―― 北京で3年勤務された後、日本に戻られたのですね。

　はい。帰国後は中国に携わる仕事で就職できればと思っていたのですが、なかなか希望に合うところが見つからなくて、知り合いから頼まれた翻訳や、北京から招へいされたアーティストをサポートする仕事などをしていました。その後、国際交流基金で2回に分けて、計8年勤務しました。

オンライン日本文化セミナー本番前に進行確認をする室岡さん。コロナ禍で長野の温泉旅館からライブ配信した

室岡さんが携わった日中高校生向けの華道セミナーで講師を務める胡興智先生

最初は北京外国語大学にある日本学研究センターという組織の、日本サイドの運営スタッフの仕事です。3年の任期で、中国の学生が日本に留学してきたときの事務手続きや住まいの手配などを手伝う仕事をしました。

2回目は2018年から5年間で、今度は同基金の別の部署でした。青少年交流事業で、私は中国各地の日本の文化紹介拠点に日本の大学生や日本語教師を派遣し、そのサポートや中国側のスタッフとの連絡調整、イベント管理などを担当しました。コロナ禍に重なりましたが、オンラインの交流イベントで日中双方の学生が生け花を楽しんでくれたことが良い思い出として残っています。

—— **中国語の勉強は現在も続けていらっしゃるのですか。**

国際交流基金の1回目のお仕事のときに、業務でそれほど中国語を使わなかったので「忘れてしまいそう」と焦りを感じて、週末に通訳の学校に通いました。通訳は常に背景知識など中国語以外も勉強して最新の情報を頭に入れておく必要があります。それがとても大変で、私にはハードルが高いと感じているのですが、自分が携わっている業務やよく知っている分野での通訳は、積極的にやっていきたいですね。

使える中国語を身に付けるコツ

—— **今後はどのような形で中国に関わっていきたいですか。**

中国での生活経験があって、中国の友人がたくさんいるので、日中共同のイベントやプロジェクトなどにおいて、どのように物事を進めていけばよいかという勘が養われたと思います。それを生かして日中交流の仕事に就ければいいですね。中国の人と一緒にゴールを目指して何かを作ったり、何かを進めていったり、潤滑にうまく進めるように運営したり、そういうことができるといいな、と思っています。

── これから中国語を学ぶ人におすすめの学習法を教えてください。

　最初はどんどん中国語を使う機会を探すのがおすすめです。友達を作るのがよいですが、一対一で話すと優しく話してくれるので、あまり効果がないかもしれません。なるべく複数の中国の人と話すのがよいと思います。中国人のグループにポンっと入っていくと、自然な中国語のやり取りを聞けますから。

なるべく複数の人と話すこと。
中国人のグループに入っていくと
自然な中国語のやり取りを聞けます

── ハードルの高い学習法に思えますが……。

　意外に中国の人はそういうシチュエーションでも歓迎してくれると思いますよ。留学生も多くいますし、探せばチャンスはいろいろあります。

　私自身は北京で働いていたときが一番、中国語力が伸びたと思います。語学力ももちろんですが、分からなくても怖くない、というマインドになれたことも大きいです。分からなかったら聞けばいいじゃないか、という気持ちになったんです。仕事で中国語が使えるようになる、というのは、分からないことがまったくないのではなくて、分からないときに周囲に聞いて、その答えを理解する自信を持つことだと思うようになりました。

私の学び方＋アドバイス

[私の学び方]
運動と同じ、繰り返すうちに上達

外国語学習は運動に似ています。体を動かし、繰り返すうちに要領も分かってきて、できなかった動きができるようになり、スキルも上がっていきます。語彙を増やすことは基本。そして、暗記するくらい声に出して読む。ネイティブのまねをして、失敗を恐れず言います。あとは短時間でも毎日続けることが大事です。

佐竹仁南さん

[私の学び方]
どんなときも楽しむことが大切

外国語を学ぶ理由も方法もそれぞれですが、どんなときも楽しむことが大切です。言語を学ぶことでその国の文化・風習も知ることができ、その国の人と話せばお互いを知ることができ、世界が広がります。言語には力があります。それは平和への近道になるかもしれません。学び続ければ、楽しい世界が待っています。

山崎木絵さん

[私の学び方]
音読で読解力をつける

中国語は簡体字・繁体字の差はあっても、漢字で表記されています。そこで、日本語の小説を読むようなつもりでただ読んでいても、読解力がまるでつきません。ですから、授業の前に複数回音読するなどしています。間違えやすいところは大体いつも間違えるので、特に気をつけて読みます。

服部哲也さん

[私の学び方]
継続は力、突然表れた成果

中国語を始めたのは、中国旅行に行き、言葉ができたらきっと面白いと思ったから。ピンインに悩まされ、四声に苦しみ、聞き取りも満足にできませんでしたが、音読や"听写"（ディクテーション）を続けていたら、ある日突然、先生の話す中国語が分かりました。この衝撃は大きく、今も続けています。継続は力です。

須山加代子さん

[私の学び方]
たくさん聞き、たくさん話すこと

まずはたくさん聞くこと。最初は雑音にしか聞こえなくても、ぽつぽつと聞き取れるようになり、次第に意味のある内容になってきます。そしてたくさん話すこと。中国語が母語でない人が話すのだから、相手もそれを前提に聞いてくれます。それに、日本人には筆談の秘策もありますから！

水口景子さん

[私の学び方]
自分に適した学び方を見つけて

私は最初の1年間、通学で基礎を学んだ後、個人レッスンとグループレッスンをオンラインや通学で継続してきました。最初に基礎を学んだ上で、学習を継続することが大事だと思います。今は、学習法にもさまざまな選択肢があります。選択の多さを生かして、自分に適した方法を見つけてください。

宮本和子さん

▌[アドバイス]
▌声調を徹底的に練習

　中国語には声調があります。日本人学習者にとって、声調は中国語の発音の最大の難関といわれています。声調の良しあしが、本物の中国語であるかどうかを測る重要な指標になっています。"一调遮百丑"（正しい声調は七難を隠す）ですので、ぜひ声調を徹底的に練習してください。

呉 志剛先生

▌[アドバイス]
▌３カ月間ひたすら発音練習

　中国語の初級段階は、文法は極めてシンプルですが、発音は難しいと感じる学習者が多いです。初心者にとって大事なのは、まず発音に慣れることです。最初の３カ月はひたすら大きな声で発音練習をしましょう。発音さえマスターすれば、あとは楽しいです。"加油!"（がんばって！）

李 泂先生

▌[アドバイス]
▌学んだことを実践で使おう

　学んだ知識を使って、実践で積極的に練習することがとても大事です。実際に使ってみて、その中国語が中国人に通じれば、きっと達成感を味わえて、中国語学習の楽しさも倍増しますよ。どうぞ間違いを恐れず、中国の人にどんどんコミュニケーションをとって、通じる喜びを味わってください！

陳 淑梅先生

▌[アドバイス]
▌声調が最重要、単語量と語順も大切

　声調が最重要です。まず正しい音を聞きイメージ作り。単独の四声は出せても連続すると正しく出ないという場合は、文を小さく区切り、連続音で音読練習。声調変化や軽声は要注意！　単語量と語順も大切。例文で発音、単語、語順、全部身に付けられます。音があればシャドーイングもおすすめです。

高木美鳥先生

▌[アドバイス]
▌中国語でどんどん話そう

　中国語が話せるようになりたいですか？話せるようになりたいなら、実践あるのみ！とにかく中国語でコミュニケーションをとってみましょう。中国語を話す人たちと中国語でどんどん話してみましょう。異なる文化や習慣、価値観を持つ人たちとの交流を楽しむ度胸を持ちましょう！

西 香織先生

▌[アドバイス]
▌中国語貯金を増やそう

　中国語を使うときのために、頭の中の貯金箱に中国語をストックしておきましょう。シャワーを浴びるように中国語を聞いたり、文章を朗読したり、耳と口を鍛えてください。素材は、楽しんで長続きするものがよいですね。私は今も映画・ドラマや"相声"（漫才）を繰り返し見たり、聞いたりして楽しんでいますよ。

古川 裕先生

"我在故我行" あとがきに代えて

　「私はできる」と自信を持って取り組む──**"我行故我在"** の旅はいかがでしたか。本書では、インプット「聞く、読む」と、アウトプット「話す、書く」という言語の４技能を中心に、効果的な習得法を考えてきました。

　ここから先は、本書で得たヒントを自分自身の学習に活用しながら、トレーニングを実行していかなければなりません。「語学はスポーツ、ゲームのごとし」、練習を重ね、同時に楽しむことが大切です。

　舞台袖で眺めているのはやめて、本番の舞台に上がりましょう。そのために、多くの拍手がもらえることをイメージしながら、本番前の練習もしっかり行うことを心がけましょう。

　第１章の最後に、４技能に加えて **"思"**（考える）を提案した松平先生の考えをどう思いますか。

　「外国語を使うとき、どのように正確に気持ちを伝えればよいか」「日本語と中国語の表現の違いはどこにあるのか」「外国語を習うとき、自分の言語や文化をどのように再認識するのか」「なぜ中国人は声が大きいのか、逆に日本人の声が小さいといわれるのはなぜか」「どのように自分の文化を外国に発信すればよいか」……。常に問題意識を持ち、日々、考えながら言葉に向き合っていくと、たくさんのことを学べますね。

　疑問を持つこと、時に常識を疑うことは非常に大切です。そうすることで、日本について再発見したり、異文化の発想を理解したり、表現力を高めたりすることもできるでしょう。

　外国語を学んできた道のりを山登りに例えると、今は何合目でしょうか。多くの方はこれから登り始めるものと思いますが、自分は今何合目にいるのかを意識しておくとよいでしょう。

　最後に３つの言葉を贈りたいと思います。

"**量変到质変**"（量的変化が質的変化になる）：練習の量が増え
　ると、やがて質的変化が訪れるといわれます。一歩ずつ山
　道を登ってきて、ある時、顔をあげて周囲を見回してみると、
　山の麓とは全く違う風景が見られるのではないでしょうか。
"**山外有山**"（山の外にまた山あり）：将来のあなたの前には、
　新たな景色が広がっているはずです。苦労していた発音を
　いつの間にか滑らかに発音できていたり、中国語を読み進
　めるのが苦でなくなったり、成長の跡が確認できるはずです。
"**我行故我在**"（われ行う、ゆえにわれあり）：目的地にたどり
　着いた自分を大いに褒めてください。そして、「私はできる」
　という自信を糧として、新たな山を目指して出発しましょう。

小コーチ（胡 興智）

中国語関係の専門書店・出版社

内山書店
🌐 http://www.uchiyama-shoten.co.jp/

語研
🌐 https://www.goken-net.co.jp/

東方書店
🌐 https://www.toho-shoten.co.jp

コスモピア
🌐 https://www.cosmopier.com/

朝日出版社
🌐 https://www.asahipress.com/

三修社
🌐 https://www.sanshusha.co.jp/

アスク
🌐 https://www.ask-books.com/

三省堂
🌐 https://www.sanseido-publ.co.jp/

アルク
🌐 https://www.alc.co.jp/

同学社
🌐 https://www.dogakusha.co.jp/

NHK 出版
🌐 https://www.nhk-book.co.jp/

白水社
🌐 https://www.hakusuisha.co.jp/

光生館
🌐 https://www.koseikan.co.jp/

白帝社
🌐 https://www.hakuteisha.co.jp/

胡 興智 (Hu Xingzhi)

中国天津市出身。東京外国語大学日本語学科卒業、東京学芸大学大学院教育研究科修了。関東国際高校、日中学院や上智大学などで30年あまりにわたって中国語を教える。著書に『チャレンジ！中国語 入門編』『同 初級編』（アスク）、『四声完全マスター』（コスモピア）、『現代中国語版 三国志演義』『これなら覚えられる！中国語単語帳』（ともにNHK出版）、『らくらく旅の中国語』（三修社）など多数。趣味はいけばな（草月流一級師範顧問）。

これから始める人のための 中国語の学び方入門

発行日：2024年1月19日（初版）

著 者	胡 興智
編 集	株式会社アルク 出版編集部
編集協力	野田泰弘（有限会社ルーベック）
取材・執筆	林カオリ（第2章）、鈴木香織（第4章）
校正	古屋順子、劉 笑梅
デザイン	有限会社エメ龍夢
イラスト	浅山友貴
音声吹き込み	胡 興智、陳 淑梅
録音・編集	株式会社メディアスタイリスト
DTP	株式会社創樹
印刷・製本	シナノ印刷株式会社
発行人	天野智之
発行所	株式会社アルク
	〒102-0073 東京都千代田区九段北4-2-6　市ヶ谷ビル

🌐https://www.alc.co.jp/

落丁本、乱丁本は弊社にてお取り替えいたしております。
Webお問い合わせフォームにてご連絡ください。
🌐https://www.alc.co.jp/inquiry/

地球人ネットワークを創る
アルクのシンボル「地球人マーク」です。